GIORGIO STREHLER: A CENA VIVA

Coleção ELOS
Dirigida por J. Guinsburg

Equipe de Realização – Tradução: Isa Kopelman • Preparação: Luiz Henrique Soares • Revisão: Elen Durando • Logotipo da coleção: A. Lizárraga • Projeto gráfico: Adriana Garcia • Produção: Ricardo W. Neves, Sergio Kon, Luiz Henrique Soares e Elen Durando.

MYRIAM TANANT

GIORGIO STREHLER: A CENA VIVA

Título do original francês
Giorgio Strehler: Introduction, entretiens, choix de textes et traduction par Myriam Tanant

Mettre en Scène, série dirigida por Béatrice Picon-Vallin
© Actes Sud, 2007

CIP-Brasil. Catalogação na Fonte
Sindicato Nacional dos Editores de Livros, RJ

T166g

    Tanant, Myriam
    Giorgio Strehler: a cena viva / Myriam Tanant ; tradução Isa Kopelman. – 1. ed. – São Paulo : Perspectiva, 2015.
    112 p. ; 18 cm. (Elos ; 65)

    Tradução de: *Giorgio Strehler: introduction, entretiens, choix de texts et traduction par Myriam Tanant*
    Inclui bibliografia
    ISBN 978-85-273-0999-8

    1. Strehler, Giorgio, 1921-1997. 2. Teatro italiano – Produção e direção. 3. Teatro – História e crítica. I. Título. II. Série.

15-19550   CDD: 792
                                                    CDU: 792

27/01/2015   27/01/2015

Direitos reservados em língua portuguesa à

EDITORA PERSPECTIVA S.A.

Av. Brigadeiro Luís Antônio, 3025
01401-000 São Paulo SP Brasil
Telefax: (11) 3885-8388
www.editoraperspectiva.com.br

2015

*Myriam Tanant agradece
Franco Viespro, do Archivio Storico,
e Giovanni Soresi,*

SUMÁRIO

INTRODUÇÃO: Itinerário de um Encenador Ítalo-Europeu –
Myriam Tanant 9

ENTREVISTAS

Um Encenador Que Interpreta..23
Ensaios Abertos...31
Apropriar-se do Texto..34
A Experiência do Palco Como Método 36
Teatro e Engajamento...39
O Encenador Como Pesquisador 41
Retomar um Espetáculo 44
Arlequim... Sempre Recomeçado...................................47
O Encenador-Intérprete...54
Inventar-se e Escolher Mestres.......................................55
O Teatro e o Cinema 63
O Teatro e a Música 69
Os "Pavorosos Vazios" do Repertório 92
A Transmissão...94

DUAS CARTAS

[A Louis Jouvet] 99
[A Giovanni Soresi]..102

Cronologia 105

Bibliografia Selecionada 109

INTRODUÇÃO:
ITINERÁRIO DE UM ENCENADOR ÍTALO-EUROPEU

"Ele foi o mestre que eu escolhi. Ele foi o teatro total, o homem que pensou a responsabilidade do teatro no mundo e na sociedade, o homem que me ensinou tudo: o espaço teatral, o trabalho do sentido, como contar uma história através da poesia do teatro, como aliar a leveza à gravidade", declarou Patrice Chéreau em homenagem a Giorgio Strehler alguns dias depois de sua morte, em 1997[1]. Essas declarações evidenciam as características essenciais da prática do diretor italiano, fundador, com Paolo Grassi, do Piccolo Teatro de Milão. Seu trabalho se tornou rapidamente muito conhecido na Europa e no mundo, graças às inúmeras turnês de um espetáculo emblemático, *Arlequim, Servidor de Dois Amos,* de Goldoni, que motivou vocações teatrais na geração seguinte, como testemunha Ariane Mnouchkine: "O Piccolo representou muito para mim: *Arlequim, Servidor de Dois Amos*, que eu assisti em Menton, sob direção de Giorgio Strehler, e com Marcello Moretti, é um dos acontecimentos que baseia minha escolha

---

1   *Le Monde*, 27 de dezembro.

de vida, ou seja, o teatro"². Bob Wilson reconhece dever a Strehler, de quem assistiu às *Bodas de Fígaro*, de Mozart, na França, seu interesse pelo teatro: "Raramente me aconteceu de ver alguém que, como ele, tivesse um senso tão pessoal da cena, um léxico para cada aspecto da cena: o comportamento dos atores, os figurinos, a iluminação, a cenografia, a dramaturgia. Um sentido completo do teatro"³.

As declarações desses três grandes encenadores não são citadas aqui com intenção hagiográfica, e sim por confirmarem um reconhecimento através de um fio ininterrupto de experiência. Strehler inclusive inscreveu seu trabalho nos passos daqueles que o precederam. Pertencendo, como dizia com frequência, a uma "geração sem mestres", pois o teatro italiano revelava um atraso na prática da encenação, ele reivindicou e escolheu três, Copeau, Jouvet e Brecht, sem negligenciar sua reconhecida dívida para com os grandes encenadores russos Stanislávski e Meierhold ou para com o encenador austríaco Max Reinhardt. A conexão com os mestres ou com os modelos instaura uma reflexão fecunda que permite a Strehler transformar o teatro italiano para abrir caminho, de forma decisiva, a um teatro resolutamente moderno, combinando abordagens diversas sem, por isso, renunciar a sua própria autonomia de criador.

As maiores realizações de Strehler estão intimamente ligadas a uma pesquisa que Brecht chama de "teatro épico". Contudo, Strehler não concebe o teatro épico de um modo puramente teórico ou dogmático, mas o reformula numa dimensão moderna, profundamente humanista, que deseja

2   Declarações coligidas em Maria Grazia Gregori (a cura di), *Il Piccolo Teatro di Milano: Cinquant'anni di cultura e spettacolo*, Milano: Leonardo Arte, 1997, p. 184.
3   Declarações reunidas no colóquio Un Théâtre elitaire pour tous, Paris, Théâtre des Champs-Elysées, 9 de dezembro 2003.

conciliar beleza formal com engajamento crítico e ideológico de modo que "revitalizem literalmente o teatro brechtiano"[4].

Essa revitalização foi possível pela própria natureza do trabalho de Strehler, que não estabelece cortes entre as obras que monta, mas as conjuga. As suas encenações inscrevem-se, na realidade, numa rede de correspondências, de modo que um espetáculo responde ao precedente, aprofunda-o, modifica-o e enriquece-o: assim, por exemplo, a primeira versão de *A Trilogia da Vilegiatura* foi um Goldoni relido através de Tchékhov. Strehler chegou a Brecht em meados dos anos de 1950, após uma longa pesquisa sobre *Commedia dell'Arte*, Goldoni e Shakespeare que alimentou a abordagem. O trabalho sobre Brecht, por sua vez, repercutiu nos espetáculos que se seguiram, como testemunha a concepção de *Le baruffe chiozzotte*, de Goldoni. Esse método de trabalho que se assemelha ao "modo de um compositor clássico desenvolver um tema"[5] faz com que Strehler não somente proponha uma nova maneira de encenar o teatro de Brecht, mas que seja um divulgador. Deve-se a ele a descoberta, na Itália, das tragédias políticas de Shakespeare, *Ricardo II, Ricardo III, Henrique VI* ou *Júlio César*, e também a redescoberta de Goldoni: autor que ele restituiu à dimensão de clássico europeu, aproximando-o das peças de Tchékhov e Brecht e das óperas de Mozart. Pois o trabalho de Strehler se desdobrou entre o teatro e a ópera, com a qual ele contribuiu ajudando a impor a função crítica do encenador. Dotado de uma profunda e sólida cultura e formação musicais que faziam dele, como ele mesmo dizia, um maestro em potencial, propôs uma nova leitura de óperas

4   Giovanni Lista, La Scène magnifiée, *La Scène moderne: Encyclopédie mondiale des arts du spectacle dans la seconde moitié du XXe siècle*. Paris/Arles: Carré/Actes Sud, 1997, p. 161.
5   Bernard Dort, *Le Spectateur en dialogue*, Paris: POL, 1995, p. 207.

de Mozart, seu compositor preferido, tais como *O Rapto no Serralho* ou *As Bodas de Fígaro*, e também de óperas de Verdi, como *Simão Bocanegra* ou *Macbeth*.

A música é, aliás, um componente de seus espetáculos tão importante quanto a palavra e a cenografia: ele era capaz de imaginar antecipadamente e com grande precisão o fluxo musical do tecido sonoro que banharia o espetáculo. Dizia, aliás, que sua cultura musical era mais importante que sua cultura teatral, e que sua educação musical era a base de seu trabalho teatral. Achava, como se verá nas entrevistas, que tinha um temperamento "mais rítmico do que semântico", que o tornava mais sensível à poesia do que às outras formas literárias: nos ensaios, citava os grandes textos da poesia europeia que conhecia de cor, contando paralelamente anedotas que alimentavam os atores. Admitia se entender melhor com aqueles que tinham o sentido rítmico e sabiam "ouvir a música".

Strehler iniciou sua carreira como ator. Aprendeu esse ofício em Milão, em uma escola de teatro onde se apresentou após ter uma revelação, ao assistir, quase por acaso, a um espetáculo ruim de *Uma das Últimas Noites de Carnaval*, de Goldoni. Essa formação é, provavelmente, o motivo pelo qual Strehler não cessará de repetir que, no teatro, o ator se encontra no centro do processo de criação, e o levará a definir o encenador como aquele que, num determinado momento, se destacou do coro de atores para assumir "a pesada herança e a pesada tarefa de ajudar o teatro a se realizar sem poder fazê-lo até o fim, por um ato de presença ativa"[6]. Para encobrir o "dilaceramento interior" provocado pelo distanciamento da ação de interpretar,

---

6   G. Strehler, Extrait d'une lettre à un jeune metteur en scène, *Un Théâtre pour la vie*, p.145.

a única real, segundo ele, do homem de teatro, Strehler quis ser um encenador que atuava, mostrava, que vivia no palco com seus atores nos ensaios dos espetáculos. Também por isso ele se tornou novamente, no final de sua carreira, o ator que havia progressivamente deixado de ser para dirigir os outros, interpretando o papel de Jouvet em *Elvira ou a Paixão Teatral*, que encenou em 1986, e o protagonista em *Fausto, Fragmentos I e II*, de Goethe, que montou sucessivamente em 1989 e 1992.

A carreira de Strehler encenador está intimamente ligada a um teatro, o Piccolo Teatro de Milão, cuja criação se tornou possível graças ao seu encontro com Paolo Grassi. Strehler só deixou o Piccolo, de 1968 a 1972, para criar em Roma a companhia Teatro e Azione, antes de retornar, em 1972, como único diretor, por ocasião da nomeação de Paolo Grassi à direção do Scala de Milão. Raros são os encenadores que tiveram, como ele, a possibilidade de trabalhar tão longamente "em um lugar junto a um público que souberam reunir e formar"[7], ainda que, durante toda sua carreira, aguardasse por um espaço à altura de suas ambições.

Strehler desejava gerar um teatro de laboratório e experimentação, e nunca escondeu que a concepção de um "teatro estável"[8], ligado a um espaço fixo e subvencionado por fundos públicos, pertencia a Grassi: originariamente encenador, Grassi foi um dos primeiros, no pós-guerra, a compreender o interesse político em criar uma instituição pública que possibilitasse uma transformação da criação teatral na Itália. No entanto, Grassi e Strehler combinaram fundar um "teatro de arte para todos". Obtiveram uma pequena subvenção da municipalidade

---

7   O. Aslan, *Strehler*, p. 7s.
8   A noção de teatro estável (*stabile*) opõe-se ao sistema de grupos ambulantes que caracterizava então o teatro italiano. O Piccolo é o primeiro teatro estável.

e, principalmente, um local no centro de Milão: uma antiga sala de cinema de quatrocentos lugares devastada pelas tropas de ocupação, dotada de um palco não equipado, com quatro metros de profundidade, que devia ser provisória. Na realidade, foi nesse palco exíguo que Strehler montou a maioria de seus espetáculos, inventando uma escritura cênica que transcendia essa limitação. Se os espetáculos de Strehler ultrapassavam o palco para invadir as margens, os proscênios, os corredores da plateia, a fim de estabelecer um vínculo entre o Teatro e o Mundo, foi também porque levavam a marca da pesquisa do encenador para superar os limites impostos pelo palco desse primeiro espaço do Piccolo.

Encontrado o local, o gesto fundador pôde acontecer em 14 de maio de 1947, e o teatro recebeu o nome de Piccolo devido a sua exiguidade. Os dois fundadores assumiram tarefas bem definidas: Paolo Grassi dedicou-se à administração e Strehler tornou-se o encenador da instituição. "Eu me encarreguei do espetáculo, me encerrei por meses e anos para ensaiar cada espetáculo, esquecendo o dia, o sol e as estações; e Paolo passava horas em seu escritório com paredes cobertas de cartazes de teatro, ou então participava da vida pública num turbilhão de reuniões políticas, conferências oficiais."[9] Strehler ressalta aqui a importância do combativo engajamento público de Grassi à sobrevivência do teatro, sempre reafirmada. Evidencia também a atividade frenética que acompanhou a fundação do Piccolo. Ao falar de seu confinamento no teatro, repetidamente, Strehler não exagera.

Os primeiros anos de atividade são anos de intensa exploração em várias direções para descobrir e revelar um repertório internacional, recriar a tradição perdida da *Commedia dell'Arte*

---

9   G. Strehler, Hommage à Paolo Grassi, *Théâtre en Europe*, n. 4, 1984, p. 50.

e tentar estimular a criação contemporânea. A sucessão de espetáculos muito próximos, o curtíssimo período de ensaios de cada um deles (o primeiro espetáculo, *Ralé*, de Górki, só se beneficiou de doze dias de ensaios) faz de um espetáculo o campo de experimentação do seguinte, e assim por diante. Portanto, Strehler inventou sua prática de encenador no palco para se tornar um artesão (como gostava de se definir) capaz de dominar todas as áreas da arte teatral, a fim de instaurar uma estreita relação com os técnicos. Ele não cessava de dizer que o que o fascinava no teatro era a dimensão de criação coletiva, e que nunca conseguiria ser um "artista solista" como foi sua mãe, eminente violonista. A dimensão de criação coletiva que ele cultivava levava-o a não considerar o diretor como o único autor do espetáculo, mas como aquele que tem aí uma visão global: ele sabia reconhecer o que pertence aos atores e aos colaboradores.

Dotado, além da cultura musical que o privilegiava, de uma rica cultura plástica, Strehler conseguia levar aos cenógrafos com os quais trabalhava sugestões ou propostas sobre a organização do espaço, respeitando sempre a personalidade artística deles. Durante seus cinquenta anos de atividade, colaborou essencialmente com três cenógrafos. Pode-se dizer que com Gianni Ratto ele conduziu as experimentações iniciais; com Luciano Damiani, conjugou suas pesquisas sobre o teatro épico e a abstração poética (*A Vida de Galileu*, de Brecht; *Le baruffe chiozzotte* e o *Il campiello*, de Goldoni; *O Jardim das Cerejeiras*, de Tchékhov; *A Tempestade*, de Shakespeare). Nos dois últimos espetáculos, encontramos variações em torno do branco; o "branco Strehler" – para retomar uma expressão de Bernard Dort – tornou-se uma referência estética. Foi com o terceiro cenógrafo, Ezio Frigerio, que Strehler refletiu sobre a relação entre teatro, arquitetura e pintura, e, principalmente sobre a introdução da cor (*Os Gigantes da Montanha*, de Pirandello; *As Bodas de Fígaro*, de Mozart; *A Trilogia da Vilegiatura*, de Goldoni). Com Frigerio, Strehler desenvolveu os temas do mistério e da magia da ilusão teatral, tornando o palco um espelho que reflete os cenários e as silhuetas das personagens numa contraluz pictórica (*A Ilusão*[10], de Corneille; e *Don Giovanni*, de Mozart).

Em *Fausto*, seu último grande espetáculo, Strehler não hesitou em confrontar sua prática com o universo do grande cenógrafo tcheco Josef Svoboda: eles partilhavam do fato de pensar a luz como um elemento essencial na criação de movimento e espaço. Esse encontro em torno de *Fausto*, em que Svoboda concebeu a cenografia, foi ainda mais interessante na medida em que Strehler sempre deu uma importância primordial à iluminação. Desde o primeiro ensaio, ele instalou uma atmosfera geral e, à medida que o trabalho se desenrolava, ele modulava as intensidades. O trabalho de iluminação condicionava os deslocamentos dos atores que, por sua vez, suscitavam modificações por suas ações cênicas: a iluminação de Strehler era interessante porque não estava, de forma chapada, sobreposta a uma situação, mas em geração por ela. Seu trabalho de iluminação não foi simplesmente artístico, ainda que chegasse a comparar os projetores com pincéis ou até com instrumentos musicais que, em vez de sons, emitiam luz. Foi também técnico, pois Strehler conhecia pela numeração cada projetor que utilizava. Inventou até, com seus colaboradores, um aparelho luminoso batizado de "cappellotto[11]", para criar uma luz difusa muito particular e delicada. Foi também um dos primeiros encenadores a utilizar projetores de cinema para iluminar o teatro.

---

10 Strehler tinha preferido esse título ao de *A Ilusão Cômica*, referindo-se ao título escolhido por Corneille na leitura da peça em 1660.
11 *Cappellotto* significa "cápsula" ou "chapéu".

O cinema foi uma das fontes de inspiração de Strehler: cinéfilo, ele conhecia bem os filmes europeus e americanos. Admirava Ingmar Bergman por seu talento tanto cinematográfico quanto teatral, bem como Federico Fellini, com quem estabeleceu vínculo de amizade. Ainda que seus universos fossem diferentes, Strehler e Fellini gostavam de se definir como "companheiros de criação": partilhavam a mesma admiração por Charles Chaplin e pelo burlesco, e influenciavam-se sutilmente. A singularidade dessa amizade devia-se também ao fato de nenhum dos dois transpor os limites de seu território de criação, apesar das propostas feitas a Fellini para a encenação de óperas e dos numerosos projetos cinematográficos de Strehler. Estes jamais se concretizaram, às vezes por motivos de produção, mas na maior parte das vezes por sua indecisão em abandonar seu lugar de criação por excelência: o palco teatral.

Strehler reunia todos os elementos de uma escritura cênica para interpretar o texto da peça escolhida para encenação. Ele não pretendia substituir-se ao autor: era seu próprio dramaturgo, mas não se entregava a um trabalho de reescrita nem a uma reatualização do texto. Desejava propor uma leitura mais clara possível da peça, tal como a percebia enquanto homem de seu tempo. Essa leitura era o fruto de uma longa reflexão e de uma busca arrebatada: para Strehler, a função do encenador se assemelhava à do pesquisador. Aí não será menos criador e artista, e, como todo artista, era tomado por um sentimento de insatisfação que o impelia a retomar alguns de seus espetáculos para conferir-lhes uma nova leitura, mais aprofundada ou mais acabada. Retomou muitas vezes, só para dar alguns exemplos, *Os Gigantes da Montanha, A Tempestade*, ou ainda, *A Ópera dos Três Vinténs*. Retornou ao *Arlequim, Servidor de Dois Amos*, que não parou e não para de ser encenado por exigência do público e dos teatros do mundo todo. Strehler propôs então dez versões diferentes, sem contar as variantes de cada uma delas. Esse espetáculo, um desafio ao efêmero teatral, integrou nessas representações sucessivas e múltiplas a evolução da prática e da escrita cênica de Strehler. Assim, *Arlequim* passou da dimensão inicial de 1947, deliberadamente lúdica, a uma dimensão realista, mais épica. Ele até irá propor um questionamento do encenador a respeito de sua arte. Esse espetáculo teve também uma função de transmissão, visto que inúmeros atores passaram por *Arlequim, Servidor de Dois Amos* para adquirir o domínio do jogo de máscaras ou do teatro gestual: uma das últimas versões, aliás, foi montada por Strehler em 1990 com os alunos da Escola Europeia de Teatro, que ele fundou em 1987.

Ligada ao Piccolo Teatro, a escola possibilita aos alunos uma formação em todas as disciplinas teatrais, uma participação muito rápida nos espetáculos e o acompanhamento dos ensaios: Strehler sempre insistiu no espaço de transmissão que o ensaio constitui, e esse é um dos motivos pelos quais os seus sempre foram abertos não somente aos alunos, mas também aos observadores interessados na arte da encenação. Mais do que na teoria, Strehler acreditava no aprendizado: o que desejava transmitir aos jovens encenadores não era sua estética nem sua escrita, pois pregava a autonomia criativa individual, mas, sobretudo, uma maneira de criar que não dissociasse o ofício do engajamento. O trabalho de encenadores, italianos ou de outros países da Europa, que foram seus assistentes, entre os quais citamos o alemão Klaus Mikaël Grüber, o espanhol Lluis Pasqual ou o turco Mehmet Ulusoy, só pode confirmá-lo.

Nascido em Trieste, anteriormente cidade portuária do Império Austro-Húngaro, numa família que falava tanto alemão como italiano e até francês, línguas que, por sua vez, dominava perfeitamente, Strehler sempre se definiu como um "encenador ítalo-europeu". A partir de meados de 1972, ele se posicionou publicamente sobre a necessidade de a Europa política passar à Europa da cultura. Em 1982, candidatou-se e foi eleito deputado do Parlamento europeu em defesa dessa ideia, o que lhe valeu também a nomeação, pelo ministro da Cultura, Jack Lang, como diretor do Théâtre de l'Europe, fundado em Paris, em 1983, no Odéon. Strehler também está na origem da União dos Teatros Europeus, criada em 1990, que tem por missão contribuir para a construção da Europa por meio da cultura e do teatro e desenvolver uma ação cultural comum em prol de "um teatro de arte considerado como instrumento de poesia e fraternidade entre os povos.[12]"

Os últimos anos de Strehler, de 1992 a 1997, foram uma dolorosa travessia no deserto. Ele havia sonhado em construir em Milão uma Cidade do Teatro de vocação europeia em torno de três espaços: o pequeno teatro do Piccolo histórico; o Teatro Studio, destinado aos experimentos e à Escola; e, enfim, a sede do novo teatro, cujos trabalhos, iniciados no princípio dos anos de 1980, ficaram suspensos por quinze anos. Strehler interpretou essa situação como uma vingança política de seu próprio partido, o Partido Socialista, no qual ele havia denunciado alguns desvios.

Encenador intensamente implicado na vida política de seu país, fora eleito senador da República com os independentes de esquerda, mas não por ambição pessoal: "Sou político na medida em que sou um artista que sempre considerou o teatro como arte e política", escreve ele, revendo aqueles anos num de seus últimos textos, em que relembra as difíceis relações com a municipalidade de Milão, que passara ao comando da Liga Lombarda[13].

---

12   Cf. texto de apresentação da União de Teatros da Europa.
13   G. Strehler, Figli, madri, la vita e il teatro che verrà, *Il Piccolo Teatro de Milano*, op. cit., p. 207-209.

Essas relações conflituosas levaram-no a se demitir de seu posto de diretor do Piccolo depois de obrigado a abandonar uma série de projetos por falta de meios. Alguns anos antes, havia sido acusado de desvio de fundos da Comunidade Europeia alocados à Escola para montar *Fausto* com os alunos. Absolvido pela justiça, permaneceu convencido da legitimidade de seu percurso: "Apesar da terrível dor nesses anos em que minha vida parou, eu continuo achando meu método de trabalho bom e não cessarei nunca de colocá-lo em prática enquanto conseguir trabalhar"[14], escreverá ele.

Foi com jovens, cercado por atores do Piccolo, que ele quis encenar os espetáculos de inauguração do terceiro espaço da Cidade do Teatro. Na realidade, um novo presidente da câmara municipal, de centro-direita, consciente da importância do que estava culturalmente em jogo e da personalidade de Strehler, mandou retomar e terminar os trabalhos em 1997. O primeiro dos espetáculos previstos foi *Così fan tutte*, de Mozart, com o qual o diretor quis realizar seu sonho de "teatro em música" sem ter de sofrer os constrangimentos das produções operísticas. O segundo foi uma adaptação feita por ele mesmo das *Memórias*, de Goldoni, projeto acalentado por longos anos. Aí ele ia interpretar ao mesmo tempo a personagem Goldoni em sua maturidade de artista e sua própria personagem dialogando com o velho Goldoni exilado em Paris por trinta anos. Strehler morreu na noite do dia 24 para o dia 25 de dezembro de 1997, quando tinha começado a ensaiar *Così fan tutte* em pleno gozo da criatividade retomada.

Um mês antes, em 28 de novembro, no Vieux-Colombier, em Paris, concluiu deste modo uma conferência sobre o teatro de arte:

O que importa é nunca estar satisfeito, nunca parar. Para definir o teatro de arte tal como eu sempre entendi, usarei a palavra faustiana,

14   Ibidem, p. 210.

intraduzível: *strehen*. Quer dizer, "inclinar-se para", "se consumir" para chegar a... *Strehen* indica um movimento em direção ao que não está ali. O que exige um esforço, mas você não consegue dizer o que é essa coisa, só consegue provar a sua necessidade. E, ao tocá-la, sente que outra coisa mais distante se perfila e o impele a continuar. Também a ela é preciso se dirigir sem interrupção.[15]

Além da dimensão testamental, essa declaração pode ser percebida como uma definição da função do encenador.

Os textos reunidos aqui resultam da montagem de várias entrevistas com Strehler, ao longo de um período que se estende por muitos anos. Na realidade, eu o conheci em 1978, quando se preparava para a montagem de *A Trilogia da Vilegiatura* com os atores da Comédie-Française. Depois me tornei sua assistente na encenação de *A Ilusão*, de Corneille, que ele montou no Théâtre de l'Europe, e trabalhei com ele até o final de seu mandato de diretor desse teatro. As entrevistas sobre seu método de trabalho datam de 1984. Seriam publicadas na revista *Théâtre en Europe*[16], que preparava um número especial sobre o Piccolo Teatro. Somente foi publicado, então, o que concernia à organização do Piccolo. O restante das entrevistas deveria sair em um número especial sobre Strehler, que não foi realizado.

São, portanto, "cortes", para empregar um termo cinematográfico, que utilizei aqui, como são "cortes" as entrevistas sobre a ópera de 1987. As primeiras ocorreram durante a preparação de *Don Giovanni* para o Scala. Uma parte foi publicada em *Théâtre en Europe* (n. 14, julho de 1987), tendo sido selecionadas as que tratavam da ópera de Mozart. Outras entrevistas sobre a ópera e, mais particularmente, aquelas nas quais Strehler fala de suas

---

15 G. Strehler, Les Quatre cités du théâtre d'art, em G. Banu (dir.), *Les Cités du théâtre d'art*, p. 15.

16 A revista *Théâtre en Europe* foi criada em 1984.

relações com os maestros, aconteceram durante os ensaios de *Don Giovanni* e alguns dias depois da estreia (7 de dezembro de 1987). *Théâtre en Europe* só retomou a que tratava das dificuldades do trabalho de um diretor na ópera (n. 16, fevereiro de 1988). A entrevista sobre o cinema é de agosto de 1986, por ocasião da preparação da *Ópera dos Três Vinténs* (que estreou em 31 de outubro de 1986, em Paris). As perguntas sobre *Fausto* foram propostas em 1989, na época da filmagem dos ensaios desse espetáculo, do qual eu coescrevi o roteiro[17]. Enfim, todas as questões sobre a transmissão, o repertório e as *Memórias* de Goldoni foram propostas em 1994, por ocasião de pesquisas pessoais. Eu, por vezes, inseri algumas frases coligidas durante os ensaios, instante extraordinário de criação em que Strehler deixava escapar coisas fundamentais sobre o trabalho de encenação. Pareceu-me importante não destiná-las ao esquecimento.

Myriam Tanant*

---

17 Cf. *Giorgio Strehler: La Tentation faustienne*, filme-documentário, colorido, SECAM, 30', França, 1989. Realização Marco Motta, autores Miriam Tanant e Frédéric Chapuis, Uma produção do Centre National de la Cinématographie, La Sept-Arte, Cèdre Productions.

* Professora na Universidade Paris III, Myriam Tanant dedica suas pesquisas universitárias ao teatro, cinema e à opera italiana. Tradutora por muitos anos, especialmente de textos de Goldoni, ela também faz parte do comitê de redação de *Chroniques italiennes*, revista da UFR de estudos italianos. De 1981 a 1986, foi assistente de Giorgio Strehler, a quem dedicou uma tese, *"La Prova infinita", Giorgio Strehler entre pratique et recherche théâtrale*, bem como diferentes trabalhos, impondo-se na França como uma das especialistas desse grande encenador. Ela escreveu várias peças teatrais e três libretos de ópera, *La Station thermale* (1993), *Dédale* (1995) e *Les Oiseaux de passage* (1998), encomendas da Ópera Nacional de Lyon, onde encenou.

ENTREVISTAS

Um Encenador Que Interpreta

MYRIAM TANANT — *O senhor sempre disse que o teatro não foi sua vocação primeira. O que o levou a se tornar encenador e como o senhor começou sua carreira?*
GIORGIO STREHLER — É verdade que, na minha juventude, não fui completamente apaixonado pelo teatro. Nem sequer pensava nisso. Havia feito estudos clássicos. Tinha uma sólida formação musical, porém não suficiente para me tornar maestro como teria desejado. É preciso dizer que minha mãe, brilhante violonista e ex-criança prodígio, sabia dos esforços e sacrifícios que a carreira de concertista demandava. Ela não me incentivou nesse sentido. Quando menino, abandonei o piano para tocar com meus camaradas; ela não teve coragem de me impedir. Aos dezoito anos, não sabia muito bem que carreira seguir até que, num dia de verão, passei pelo Teatro Odeon para ir ao cinema Odeon a poucos metros dali. Na época, era apaixonado por cinema e meus mitos não eram a Duse ou Ermete Zacconi, mas Jean Harlow, Franchot Tone, Greta Garbo. Parei diante do

teatro, atraído por um cartaz que dizia "plateia refrigerada", a climatização não existia ainda. E eu estava morrendo de calor, entrei naquele lugar para desfrutar um pouco de ar fresco. Passava uma peça de Goldoni, *Uma das Últimas Noites de Carnaval*. Lembro-me que, no primeiro ato, fiquei muito impaciente. As coisas mudaram no segundo e no terceiro atos, quando Anzoleto se despedia de Veneza. Fiquei cativado. Um dia, gostaria de montar essa peça. Queria que fosse minha última montagem[1].

Seja como for, a partir desse momento, fiquei com vontade de ir ao teatro. Lembro-me que, naquele verão, não quis acompanhar minha família nas férias para assistir aos espetáculos quase todas as noites. No outono, eu me inscrevi numa escola de teatro em Milão que, aliás, ainda existe, a Accademia dei Filodrammatici. É uma velha escola de teatro fundada em 1850 que formou atores bem famosos na Itália. Os cursos aconteciam todas as noites, das oito horas à meia-noite. Aprendíamos dicção, poesia, interpretação. No final, havia um concurso de formatura em que cada aluno apresentava duas ou três cenas. Os melhores eram convocados por empresários que assistiam a esses exames.

Eu também fui logo chamado por uma companhia, primeiramente como figurante, depois como galã, e viajei pela Itália por alguns anos. Comecei, pois, minha carreira como ator, interpretando pequenos papéis ao lado de atores mais ou menos importantes, com os quais tentei aprender alguma coisa. O teatro daqueles anos não me satisfazia. Mas os textos que lia – Brecht, Eliot, Górki (leituras clandestinas durante os anos de guerra) – deixavam-me entrever a possibilidade de realizar textos "diferentes" de modo diferente. Minhas primeiras encenações nasceram deste modo: eu lia e montava na minha cabeça

---

1 Strehler jamais realizou esse projeto.

espetáculos nos quais tudo tinha um sentido, uma harmonia, uma necessidade. Em seguida, veio a época da resistência e do exílio na Suíça durante a ocupação nazista. Primeiro, fui internado no campo de Mürren, no cantão bernense Oberland, em 1943, depois consegui minha transferência para Genebra, em 1944. Ali estudei Direito na faculdade, mas, sobretudo, me inscrevi no conservatório porque sabia que Jean Bart, um antigo aluno de Pitoëff, ensinava ali. Segui seus cursos com muito interesse e lá conheci jovens refugiados italianos como eu, mas também franceses. Fundamos uma companhia de atores de língua francesa, a Compagnie des Masques, e eu – que não tinha coragem de atuar em francês, mesmo falando a língua – me atribuí a função de encenador. Foi assim que dirigi meu primeiro espetáculo, *Morte na Catedral,* de Thomas Eliot. Eu o assinei com o pseudônimo de Georges Firmy, sendo esse o sobrenome de minha avó materna, francesa. Dois meses depois, encenei *Calígula*, de Albert Camus, minha segunda montagem com a companhia que estreou mundialmente, antes da apresentação de Paris – ainda ignorada. Eu poderia muito bem me estabelecer em Genebra: falava três idiomas, alemão, italiano e francês. Nascido em Trieste, tinha uma cultura europeia graças ao ambiente familiar. Minha avó materna, acabei de dizer, era francesa, meu avô materno nasceu em Montenegro e meu pai era austríaco. Apesar de tudo isso, eu era italiano, ítalo-europeu certamente, e a Itália era minha terra: um país onde tudo estava para ser reconstruído. E mesmo se não tivesse vindo a Milão com três anos, depois da morte de meu avô, eu a considerava como minha cidade e sentia saudades. Em Milão, eu tinha todos os meus amigos, minha família, minha mulher. Na realidade, antes de partir para a Suíça, me casei com uma jovem coreógrafa, Rosita Lupi, que conheci na Accademia e que trabalharia comigo nos primeiros anos do Piccolo Teatro.

E, de resto, Paolo Grassi me enviava mensagens nas quais contava comigo para ajudá-lo na concretização de suas ideias de renovação teatral, pois se a cidade estava arruinada, reinava ali uma vontade de reconstrução.

Ao retornar à Itália, quis, como os grandes atores-encenadores franceses do passado e do presente, como Louis Jouvet ou Jean Vilar, atuar e dirigir ao mesmo tempo. Foi por isso que na inauguração do Piccolo Teatro, em 1947, com *Ralé*, de Górki, eu interpretei Aliocha, o que me fez tocar acordeão.

Mas na Itália a encenação era ainda uma novidade muito precária e muito difícil, na verdade. E, aliás, devido ao modo em que éramos forçados a trabalhar naqueles anos, era impossível ser ao mesmo tempo encenador e ator: apesar de nossa vontade febril de renovação, o teatro italiano não tinha regras nem leis, e essa ausência de estrutura nos obrigou a assumir múltiplas tarefas que me impossibilitavam de atuar e encenar ao mesmo tempo. Também, obrigado pelas circunstâncias, acabei sendo quase que exclusivamente encenador: mesmo que isso, de fato, me provocasse um grande vazio. Acho que um encenador deveria, de vez em quando, atuar em um de seus espetáculos ou em um espetáculo dirigido por outro.

É para preencher esse vazio que o senhor interpreta o papel de Fausto agora?
Sim, pode-se dizer isso. Mas gostaria de explicar antes de tudo que, se tive, num dado momento, de me destacar do coro de atores para "dirigir" o grupo – insisto na palavra "dirigir", pois para mim a atividade de encenador assemelha-se à do maestro – fui sempre um encenador que interpreta. Sempre vivi em cena com meus atores, às vezes até um pouco demais. Acho que às vezes eu os confundi, mas era difícil agir de outro modo. Contudo, nos dez primeiros anos do Piccolo, isso me permitiu

que substituísse atores doentes. Uma noite em Bolonha, em 1948, em uma apresentação do *Corvo*, de Gozzi, em turnê, interpretei Arlequim no lugar de Marcello Moretti, doente. Fui inclusive Pantaleão, em 1947, em *O Servidor de Dois Amos*, substituindo Antonio Battistella, o criador do papel, que sofreu um acidente.

Atualmente interpreto o papel de Fausto, porque acho que chegou o momento de concluir minha vida de homem de teatro retornando ao verdadeiro ambiente teatral: o do ator. Distanciei-me por todos os motivos que acabei de evocar, mas também por uma experiência traumatizante que vivi em Paris na temporada do *Corvo*, de Gozzi, que encenara no ano anterior. Atuava no papel de uma estátua imóvel no meio do palco que, num certo momento, tinha de se expressar em verso. Na estreia, aconteceram coisas inacreditáveis em cena. As luzes não acenderam no momento certo; atrapalhados por problemas técnicos, os atores erraram as entradas e inventaram falas para se recuperar, girando ao meu redor, e eu completamente impotente. Acreditei ter ficado louco e, além do mais, tão distraído com tudo que acontecia à minha volta que interpretei muito mal. Devo acrescentar que Jouvet estava na plateia. Ao ir me ver no camarim, tentei me desculpar, mas ele, que sempre foi muito compreensivo, me disse: "Está bom, está muito bom." Naquele instante decidi não me colocar mais em tal situação e parei de atuar no teatro.

Ainda assim o senhor fez algumas exceções...
A senhora certamente quer falar de meus papéis de narrador em *A História do Soldado*, de Stravínski, que encenei em 1957, e no *Édipo Rei*, ainda de Stravínski, encenado por Pier Luigi Pizzi em 1980; foi em uma estrutura completamente diferente, a do Scala, e num contexto musical. O narrador tem a

partitura diante de si e encontra-se, de certo modo, durante a representação, dirigido pelo maestro, o que é bastante seguro.

Mas posso dizer que só recomecei a atuar – com exceção dos recitais de poesia e de canções de Brecht, que montei pela primeira vez em 1967 – num espetáculo de inteira responsabilidade minha, em 1986, com *Elvira ou a Paixão Teatral*, baseado em Jouvet na inauguração do Teatro Studio. Aquilo foi tranquilo porque eu dizia as palavras de Louis Jouvet interpretando meu próprio papel de encenador. Para o papel de Fausto, tudo foi bem mais complicado. Meus amigos, assistentes com quem trabalho há muito tempo, não me ajudavam e ninguém ousava me dizer nada. Devo admitir que era difícil vir me dizer que eu não estava bem, mas eu tinha necessidade que me criticassem e falassem a respeito do que eu estava fazendo. Até o dia em que um deles me levou ao camarim e confessou que algumas coisas não funcionavam de modo algum. Fiquei tentado a abandonar tudo, visto que não entendia muito bem o que meu assistente queria dizer ao sugerir que "eu estivesse ali por inteiro". E depois, uma noite, ao ensaiar uma cena com Paolo Graziosi, que interpretava Mefisto, percebi que ele estava rígido, olhava para mim e aguardava para dar a fala no momento certo. Tudo podia desmoronar ao seu redor, ele tinha que fazer unicamente aquilo, ele estava ali. Então compreendi o sentido das palavras de meu assistente. Entendi que o que me faltava era essa necessidade do ator de estar ali, presente com todo seu ser na expressão do que ele tem a dizer. No momento que proferia o monólogo, os maquinistas faziam uma troca de cenário. Por dias e dias de ensaios, não parei de me queixar do ruído. De repente, depois de um mês e meio, inicio o monólogo num silêncio total. No final, vou para a coxia e encontro meus assistentes prontos para se queixarem do barulho dos maquinistas. Eu não tinha ouvido nada. Naquele instante entendi, com eles, que havia me reintegrado ao coro de atores do qual eu me separara para me consagrar à encenação.

O senhor pretende continuar atuando em seus próximos espetáculos?
Há um projeto que desejo muito e que gostaria de montar depois de *Fausto*. Trata-se de uma adaptação das *Memórias* de Goldoni que acalento por muito tempo, pois eu tinha escrito, desde o final dos anos de 1960, um roteiro televisivo que devia filmar, o que jamais pude fazer por motivos pelos quais não fui responsável. Daí tirei, então, uma versão teatral para três atores interpretarem Goldoni. Reservo a mim o Goldoni da maturidade, o autor e encenador, e escrevi o papel do Goldoni velho em Paris pensando em Tino Carraro. Não sei ainda quem fará o jovem. No momento, faço apenas leituras públicas, sozinho, aguardando os recursos para realizar esse espetáculo que tem a particularidade de não ser nem uma biografia, nem um ensaio crítico, nem uma comédia, mas tudo isso ao mesmo tempo. Trata-se, sobretudo, de um gesto de gratidão para com aquele que criou o teatro italiano, mostrando aí o caminho mais verdadeiro. Nós, os praticantes do teatro italiano atual, viemos todos dele. No que concerne a mim, tive a impressão de perceber nas *Memórias* de Goldoni uma misteriosa autobiografia: é por isso que atribuirei a mim o papel do Goldoni da maturidade. Ele será abordado também por meu intermédio e trabalho. Tenho plena consciência disso[2].

Seu desejo de atuar permite-lhe compreender melhor os atores? Como o senhor trabalha com eles?
Creio que compreendo melhor seus temores, sofrimentos, problemas, que também têm sido os meus. Enquanto encenador,

---

2   Strehler não teve tempo de concretizar seu projeto, programado para a temporada da primavera de 1998 do Piccolo.

investi uma grande energia para ajudá-los a avançar. Interpretar com os atores é minha maneira de ser encenador. E, pessoalmente, teria dificuldade de fazer de outro modo.

Há, é claro, várias maneiras de visualizar a direção de atores, umas tão válidas quanto as outras. Ingmar Bergman, por exemplo, que eu vi ensaiar no teatro e de quem admiro o trabalho, tem uma grande capacidade de persuasão, que eu nunca tive, quando fala com seus atores. Ele seria absolutamente incapaz – e, aliás, não quer fazê-lo – de entrar no palco para dizer: "Olhe, você poderia fazer assim, ou poderia dizer desse modo." Mas ele pode se meter num canto com Bibi Andersen ou Liv Ullmann e começar a falar com elas. Depois de uma hora, a atriz entra no palco e atua muito melhor do que antes quando não estava bem. Eu lhe perguntei: "Mas o que você fez para convencê-la?" Ele sorriu sem me responder. É absolutamente evidente que Bergman sabe encontrar as palavras certas, o tom certo.

Tenho necessidade de idas e vindas incessantes da plateia ao palco e do palco à plateia. Um dia, um eletricista que observava tudo desenhou pequenas cruzes em uma folha em branco para cada um de meus deslocamentos. No final veio me dizer que subi e desci do palco 325 vezes no ensaio da tarde. Eu não havia percebido.

Dou muito de mim mesmo nos ensaios para gerar uma tensão criativa que permite um grande espaço à mudança. Não imponho nada, proponho, mostro. Geralmente, atuo em vez de explicar, digo o texto para indicar um ritmo, o que surpreende os atores que dirijo pela primeira vez. Gosto de trabalhar com atores que refutam, rechaçam minhas propostas e, de algum modo, me impelem para onde eu não havia pensado em ir. Gosto também que me façam propostas que eu também possa refutar.

A improvisação está na base de nosso trabalho. Os atores se desenvolvem desde que consigam se liberar e entrar no jogo da improvisação: são momentos de felicidade criativa também para mim. Mas não pode ser sempre assim. Ali habitam a grandeza, a danação e a disciplina do teatro. O jogo e a invenção criativa devem ser sempre fixados, reproduzidos, ou aquele que inventou não se lembrará mais ou não conseguirá mais recuperar o que fez. Meu papel é então registrar e tornar consciente o que surgiu de nosso confronto. É o período mais duro do trabalho, já que é preciso reincorporar som e esplendor à invenção perdida dos intérpretes. Certos observadores superficiais que assistem a algumas horas de ensaios falam então de perfeccionismo, de busca por detalhes, e dizem que sou um diretor tirânico. Confundem tirania com exigência. Sim, sou exigente, mas sou exigente comigo mesmo tanto quanto com os atores e técnicos. No entanto, ao mesmo tempo, as precisões de algumas de minhas indicações de cena, minha insistência em certos gestos e posições, às vezes de certas entonações, deixam o ator completamente livre. Daí o tom ora incômodo, ora distendido, ora lírico e repleto de digressões dos ensaios.

Ensaios Abertos

O senhor ensaia por quanto tempo?
O tempo disponível de ensaio não é tão longo quanto se crê geralmente. Na realidade, em minha vida, jamais pude ensaiar por mais de sessenta ou oitenta dias, no máximo. Em *A Vida de Galileu*, de Brecht, possivelmente ultrapassamos isso, e possivelmente também em *Fausto*. Mas, em geral, nunca tive o tempo de ensaio que gostaria. Stanislávski ensaiou *Hamlet* por dois anos, e quando lhe perguntaram quanto mais ele ainda ensaiaria, respondeu: "Não sei. Quando estivermos prontos, estaremos no palco." Creio também que Lev Dodin conseguiu ensaiar um espetáculo por dois anos. As condições nas quais trabalhávamos

e trabalhamos ainda no Piccolo jamais me permitiram imaginar isso para mim. E mesmo que eu ache exagero ensaiar por dois anos, certamente são insuficientes dois meses de ensaios para *O Rei Lear*. Sempre tive de "roubar" algumas horas para ensaios suplementares, quando foi possível, instaurando longas jornadas e noites de trabalho extenuantes para os atores e para mim mesmo. Houve dias em que teria amado dizer aos atores e colaboradores: "Hoje não façamos nada, vamos ao cinema ou a outro lugar, ou então fiquemos aqui e falemos de outra coisa, da vida, da política, ou contemos histórias!"

Uma vez terminado meu trabalho, na noite de estreia perante o público, eu me distancio, não por desinteresse, mas porque sei por experiência que, se eu estiver num canto da sala durante o espetáculo, ficarei tentado a saltar para o palco e fazer mais correções. Então, sofro bastante. Tenho consciência disso porque tentei ficar com os atores, nas coxias ou na cabine de luz. Eu os aguardava no intervalo ou no final do espetáculo para lhes cobrar a motivação de tal gesto ou de tal fala. Mas percebi que aquilo não funcionava. Há um momento em que o encenador deve deixar o espetáculo para os atores. O verdadeiro trabalho deles, no fundo, só começa depois da estreia. De minha parte, é uma expressão de confiança e de respeito pela liberdade deles: visto que se trata da liberdade de fazer evoluir e engrandecer as personagens que eles devem representar a partir de direções que escolhemos e elaboramos juntos. Porém, eu não os abandono. Escrevo-lhes, no dia da estreia, cartas individuais ou coletivas, uma espécie de prolongamento por escrito da época de ensaio. É o meu modo de estar e falar com eles.

O acesso aos seus ensaios não é fechado. Quem são as pessoas que os assistem? Como reagem os atores que devem buscar, improvisar, tatear constantemente diante de testemunhas?

Em meus ensaios, sempre há "outros", geralmente amigos, alunos da escola do Piccolo, às vezes jovens que gostam do teatro e têm muita curiosidade em ver como se desenrola nosso trabalho. Eles vêm geralmente de diferentes países. Às vezes, são críticos, atores ou encenadores. Certamente, há limites. Não quero plateia lotada. É verdade que essa presença é paralisante para os atores que trabalham pela primeira vez comigo. Eles não compreendem como posso cometer tal sacrilégio. Tento explicar-lhes que, sozinho no escuro, sinto-me menos bem do que cercado por um pequeno coro, ao qual não peço senão o respeito, a disponibilidade e a bondade que devem se projetar em mim e em nosso trabalho. Esse pequeno coro, feliz em assistir ao nosso esforço, sempre me ajudou a encontrar a energia necessária ao ensaio. Ao longo dos dias, os atores compreendem que essa presença, que os incomodava no início, os ajuda a se concentrar e até a inventar.

O senhor faz um longo ensaio de mesa?*
Acho que depende do espetáculo que devo montar. Isso significa que a duração do ensaio de mesa é variável. Mas, como regra geral, não me atenho a ensaios de mesa muito longos, fico impaciente para trabalhar no palco, lançar imediatamente os atores, com figurinos provisórios a serem elaborados em função de seu jogo no espaço, no cenário que deve evoluir, às vezes se transformar, no decorrer dos ensaios. Eles não sabem o texto e são auxiliados por um ponto. Nessa fase do trabalho, a função do ponto é muito importante: ao dizer o texto mais

---

* No original, *travail à la table*, em referência ao procedimento introduzido por Stanislávski de leitura e análise reflexivas acerca do texto, das ações e das personagens realizado pelo encenador e pelos comediantes, eventualmente, com a presença do autor, e que, de início, se dava em torno de uma mesa. (N. da E.)

intensamente do que o ator murmurante que ainda procura o sentido, o ponto pode fazer "explodir" uma frase e descobrir um tom completamente imprevisto.

Para mim, o ensaio de mesa é, sobretudo, um encontro entre o diretor, os atores, o cenógrafo, o músico e os técnicos. Explico um pouco o motivo da escolha desta ou daquela peça. Mostro os desenhos ou as maquetes de cenários. Informo sobre minhas pesquisas prévias da peça, seu autor e seu tempo, mas não falo nada do espetáculo, pois não sei antecipadamente o que será. Conto histórias que podem ter a ver diretamente ou não com a peça. Cito músicas, filmes, quadros nos quais pensei durante a preparação. Os atores ficam livres para se nutrir ou não desse material.

Apropriar-se do Texto

Como o senhor prepara um espetáculo?
Feita a escolha de um texto para encenação, porque ele se impôs como necessário, eu me isolo para lê-lo, esquecendo de minha cultura, minhas leituras, meus gostos, o que é, acredito, o mais difícil, pois somos todos mais ou menos perpassados por conhecimentos. Depois "eu me apodero do texto", como costumo dizer, datilografando-o sozinho a máquina[3] e anotando ideias de movimentos, ações cênicas ou concepções espaciais, anotando também a iluminação, as músicas, os silêncios ou as imagens que as falas me sugerem. Por exemplo, enquanto datilografava o texto do *Rei Lear*, visualizava uma grande planície com personagens que, caminhando na lama, utilizavam passarelas de

---

3   Os textos estão depositados no arquivo histórico do teatro Piccolo. Não há nenhuma diferença datilográfica entre o texto da peça e as indicações, os ajustes ou as didascálias do encenador.

madeira para não se sujar muito. Não cheguei a me desfazer dessa visão, que depois se transformou nas discussões com meu cenógrafo Luciano Damiani, num espaço circense. Sentia também que essa tragédia cósmica, essa tragédia do conhecimento, necessitava da voz humana como apoio musical: vozes-sons, vozes utilizadas como instrumentos. Vozes que formassem um coro humano-desumano, transformando-se em urros, gritos animais, explosões. Fiorenzo Carpi, o músico que colabora comigo desde o início, trabalhou nesse sentido.

Mas, na maior parte do tempo, só guardo uma pequeníssima parte das coisas que me ocorrem, e às vezes mesmo absolutamente nada, na concepção final do espetáculo, pois sei que é preciso desprezar as manifestações repentinas iniciais. Posso citar ainda um exemplo: quando datilografei o texto da primeira versão da *Trilogia da Vilegiatura*, em 1954, imaginava música em minha cabeça. Então imaginei que Giacinta, uma das protagonistas, decifrava partituras de clavicórdio, depois tocava as passagens que havia lido. Mas essa ideia, à qual me apeguei por muito tempo, não resistiu à realidade do palco. Inclusive o que eu havia previsto em cena aconteceu fora de cena e foi o motivo pelo qual se ouvia em toda a primeira parte alguém que lê, se engana, recomeça, ao lado ou debaixo do apartamento de Giacinta. O que ia ser uma ação da personagem transformou-se em um espaço sonoro.

Depois dessa primeira fase, começo um trabalho de pesquisa sobre o autor da peça e sua época, com a leitura de numerosas obras críticas. Ao mesmo tempo, seleciono imagens extraídas de livros de pinturas ou fotografias relacionadas com a peça, mas não exclusivamente. Assisto aos filmes e, sobretudo, leio poesia. Os poetas e os músicos são meus verdadeiros companheiros de criação. Esse trabalho gera outras ideias que corrigem, às vezes, minhas primeiras impressões. Começo então a escrever anotações ou sequências da peça ou, às vezes, fichas das personagens, que destino aos figurinistas. Creio que as fichas mais detalhadas, eu as escrevi na primeira versão da *Trilogia da Vilegiatura*, porque estava apaixonado pelo texto, desconhecido à época, e que me parecia muito moderno. Todavia, essas notas nunca são definitivas, são mais material que serve de base à elaboração de figurinos. Às vezes, em nossos primeiros encontros, eu as leio aos atores para mostrar-lhes de onde parti.

Há, naturalmente, um momento muito importante da preparação que é a concepção do espaço. Converso muito com os cenógrafos. Trabalhei essencialmente com Gianni Ratto, Luciano Damiani e Ezio Frigerio, que são muito diferentes. No entanto, o método de trabalho com cada um deles é sempre o mesmo, em linhas gerais. Inicialmente, nunca lhes peço coisas precisas, mas falo de minhas sensações, da atmosfera sugerida pelo texto. De resto, sempre lhes dei liberdade para inventar, respeitando sua criatividade: a melhor prova é a diferença entre os espetáculos que realizei com Damiani e os que fiz com Frigerio. Eles retornam com esboços, desenhos, sobre os quais eu reflito para sugerir, e nós os transformamos juntos. Aliás, continuamos a modificar ainda o espaço no palco, geralmente suprimindo elementos que se mostram inúteis, mesmo se às vezes isso provoca rupturas. Mas ali sou intratável, só quero manter o que me parece essencial, necessário. Eu domestico lentamente esse espaço através da luz que concebo desde o início e na qual eu sempre trabalho muito.

A Experiência do Palco Como Método

O senhor cria a iluminação de seus espetáculos e dedica longas horas aos projetos de luz antes de começar a ensaiar com os atores no palco. Como o senhor se formou nessa disciplina?

Não passei por uma formação. Cheguei aí por instinto, como se diz. Quando falhou o esquema de luz de *Morte na Catedral*, meu primeiro espetáculo em Genebra, decidi me encarregar disso sem ter nunca tocado num projetor. E, no entanto, eu o fiz com uma segurança que veio apenas da prática. Considerei isso um sinal, de modo que, assim que voltei a Milão, continuei a criar a luz de meus espetáculos.

Lembro-me muito bem do dia em que Paolo Grassi me contou que tinha conseguido um pequeno teatro, um antigo cinema abandonado, devastado pelas tropas de ocupação, para abrigar nosso projeto de teatro estável[4]. O palco não equipado tinha sete metros de boca e quatro metros de profundidade. Passei uma tarde na plateia antes de lhe dar uma resposta, pois eu me perguntava o que se podia realmente fazer num palco tão pequeno. Aos poucos comecei a imaginar soluções que pudessem derivar da iluminação para ampliar o espaço e entendi que esse era o caminho a seguir. Foi assim que aceitei esse teatro que seria provisório e, na realidade, acabou sendo nosso local de criação por quarenta anos. É verdade que, depois das obras, o palco atingiu nove metros de boca e seis metros de profundidade! Com meus técnicos e eletricistas, até inventamos artesanalmente projetores específicos para obter variações de intensidade luminosa. Devo dizer que a limitação do palco nos tornou criativos. Sempre fiquei muito contente quando meus amigos encenadores estrangeiros, que conheciam meus espetáculos das temporadas em turnês, perguntavam-me, ao me assistir no Piccolo, como eu fizera para encená-los em tal espaço exíguo.

Faço longos esquemas de luz antes de começar o ensaio com os atores porque quero colocá-los numa certa atmosfera. A luz

---

4 Ver Introdução, supra, p. 13.

os ajuda a encontrar suas personagens, por seus deslocamentos, pela posição de seus corpos, a suspensão do gesto, a relação com seus parceiros, em um espaço estruturado por projetores, conferindo uma tonalidade particular à cena que ensaiam. Sempre achei que a iluminação devia evoluir com os atores, tornar-se sua parceira de jogo.

Pode-se falar de um método Strehler?
Nunca consegui teorizar um método particular que diferencie meu trabalho de outros. Mas o método certamente existe, numa prática tão pouco sistemática que surge simplesmente como um "ofício". Sempre elaborei meu trabalho no palco. Foi no palco que desatei os nós e resolvi os problemas de meus espetáculos. Foi na prática do palco, trabalhando com os materiais como um artesão, modelando as vozes, os cenários e figurinos com meus colaboradores, que realizei meus espetáculos; mas inserindo também alguma iluminação no espaço desde o primeiro dia, tirando das caixas os figurinos e acessórios, relacionando o trabalho dos maquinistas e eletricistas com o dos atores – modelando aos poucos, com meus colaboradores, esse mundo em gestação na penumbra, ainda informe, mas dotado de todas as virtualidades de uma vida futura, e aí ficando atento ao que chamo de "acidentes de cena". Os que acontecem no decorrer dos ensaios e em geral, fortuitamente, trazem soluções às situações bloqueadas ou corrigem e melhoram ações cênicas sofríveis ou insatisfatórias.

Creio que essa é a verdadeira história secreta de meu modo de fazer teatro: o conjunto desse trabalho, a resposta aos mil problemas concretos da montagem, a verificação da poesia de um texto sobre as tábuas do palco. Essa é a única coisa concreta que existe quando se faz teatro, mesmo que o espectador não perceba. O resto é menos importante.

Teatro e Engajamento

Como o senhor escolhe os textos que encena?
É uma questão difícil de responder, pois uma escolha no teatro nunca é pura. Ela corresponde sempre a um conjunto de preferências, de causas e contingências diversas, ou então é fruto de circunstâncias mais ou menos favoráveis, de obscuros sentimentos de oportunidade e necessidade. Quero dizer que houve escolhas que fui obrigado a fazer enquanto cofundador do Piccolo Teatro, imediatamente ao pós-guerra, depois na qualidade de diretor único dessa instituição, escolhas, enfim, que correspondem às minhas inclinações.

Nos primeiros anos do Piccolo, achávamos importante explorar todas as direções para descobrir e divulgar um repertório internacional que havia permanecido oculto por décadas de fascismo. Começamos a primeira temporada com *Ralé*, de Górki, *O Mágico Prodigioso*, de Calderón, *As Noites da Cólera*, de Salacrou. Mas precisávamos também recuperar a tradição da *Commedia dell'Arte*, esquecida na Itália, e nos propusemos a fazê-lo com *O Servidor de Dois Amos*. Era preciso, ainda, suscitar vocações de escrita teatral para constituir um repertório italiano contemporâneo, que faltava. Devíamos igualmente nos deter nas etapas fundamentais do teatro (Shakespeare, Molière, Goldoni), explorar as origens populares da dramaturgia italiana com *El nost Milan*, de Bertolazzi; depois abordar o repertório brechtiniano, o que fizemos relativamente tarde, em parte porque era preciso formar os atores no jogo épico. Naquele momento, concentrei-me essencialmente em três textos de Brecht: *A Ópera dos Três Vinténs*, *A Boa Alma de Se-Tsuan*, em seguida a *A Vida de Galileu*, o ponto culminante de nossa pesquisa. Depois houve um período, que chamaria de "aprofundamento", em que me empenhei em trabalhar ou retrabalhar textos que se impunham a mim ou que desejava encenar por gostar deles ou sentir necessidade disso. Citarei, não forçosamente pela ordem: *Os Gigantes da Montanha*, de Pirandello; *A Ópera dos Três Vinténs* e *A Alma Boa de Se-Tsuan*, de Brecht; *Le baruffe chiozzotte*, *Il campiello*, *A Trilogia da Vilegiatura*, de Goldoni; *O Jardim das Cerejeiras*, de Tchékhov; *O Rei Lear* e *A Tempestade*, de Shakespeare. Na sequência quis interrogar os autores contemporâneos: Genet, Beckett, De Fillipo, Tabucchi, e finalmente quis explorar textos ou autores que nunca montara, entre eles *A Ilha dos Escravos*, de Marivaux, *Minna von Barnhelm*, de Lessing, sem esquecer de *A Ilusão*, de Corneille para falar dos clássicos.

E certamente *Fausto*, de Goethe. *Fausto* é uma das obras que me aguardavam num momento de minha vida de intérprete e encenador. Um texto tão imenso quanto *Fausto* se enfrenta na inconsciência da juventude ou na plenitude da maturidade. Não tive coragem de montar *Fausto* em minha juventude como tive para *A Tempestade*. Tive então de abordá-lo e enfrentá-lo num momento extremo de meu percurso, já que essa obra definitiva me acompanhou, em contraponto, posso dizer, por toda minha carreira. O texto, que reúne todas as reflexões de Goethe sobre a cultura, a civilização europeia, foi um dos pilares de minha vida cultural. Nesse espetáculo, apresentado em duas partes, *Fausto, Fragmentos I* e *Fausto, Fragmentos II*, quis tentar uma representação integral da obra de Goethe, pouco encenada na Itália com relação à primeira parte e absolutamente nada com relação à segunda. Aliás, a crítica quis negar que a segunda parte tivesse sido escrita para o teatro e questionou o fato de ela ser representável. Ora, *Fausto* é uma tragédia escrita para o teatro e deve ser representada como um texto teatral, coerente em sua complexidade e em suas divagações. Foi por isso que quis inscrever meu trabalho num projeto de pesquisa que fosse ao mesmo tempo uma síntese e um desafio à minha prática, mas também inaugurar uma forma aberta, heterogênea, em que as sequências encenadas são entrecortadas por simples leituras do texto, decifrado como uma partitura musical. Eu me engajei nessa pesquisa que me implica como ator, encenador e tradutor, porque há nessa obra a força de um poeta de uma universalidade tão evidente, tão intensa, tão vasta que me dá a energia de acreditar ainda no teatro como na vida.

Não posso citar os duzentos espetáculos que montei, mas posso dizer que os textos a partir dos quais elaborei minhas encenações foram escolhidos em função de seu conteúdo, daquilo que eles relatavam do homem, das relações do homem nas sociedades de todos os tempos, mas também em função das propostas de interrogação da teatralidade, dos motivos e do modo de nosso fazer teatral.

O senhor acha, portanto, que o teatro pode mudar o mundo...
Não posso responder de maneira tão categórica. O que posso dizer é que não gosto da sociedade em que vivemos e que é fundada em desigualdades e desequilíbrios monstruosos. Faço teatro para mudar o mundo, mas sei que somente com o teatro não o mudarei jamais. Eu contribuirei para mudá-lo um pouco e é por isso que continuo, apesar de tudo, escolhendo textos que me permitam expressar, até mesmo criar, minhas ideias. Acho que o teatro só servirá para alguma coisa se desenvolver um conteúdo. A esse respeito eu não mudei desde o início, diria mesmo que desde meu engajamento na Resistência.

O Encenador Como Pesquisador

O senhor disse que, com certos autores, procede por ciclos: o ciclo Shakespeare, o ciclo Goldoni, o ciclo Brecht, o ciclo Tchékov. Contudo, tem-se a impressão que o senhor estabelece parentescos, assonâncias, "passagens" de um autor a outro...

Os ciclos aos quais eu me referi, na realidade, distribuem-se no tempo e se entrecruzam com outros ciclos: esse é o motivo pelo qual há em meu trabalho laços ou confrontos entre os textos que enceno. Um crítico, e acredito que tenha sido Bernard Dort, disse, ao comentar meu trabalho, que, durante todos os meus anos de prática, não cessei de tecer uma tela, e acho que está correto. Isso naturalmente não quer dizer que monto Shakespeare como monto Goldoni, pois cada autor deve ser encenado de modo diferente, incluindo aí o modo de abordar o trabalho, ainda que haja constantes no meu modo de fazer. Mas é evidente que minha leitura de Tchékhov influenciou minha leitura da *Trilogia da Vilegiatura*, de Goldoni, ou ainda que meu trabalho com o teatro épico foi fundamental na apreensão dos textos de Shakespeare e de *Le baruffe chiozzotte*, de Goldoni, apenas para citar esses exemplos.

Se me referi aos ciclos foi porque, na realidade, me lancei numa pesquisa de certos autores: pesquisas sobre a evolução de sua obra para chegar progressivamente aos textos fundamentais. Foi o caso de Goldoni. É preciso dizer que, enquanto eu encenava *O Servidor de Dois Amos*, que se tornou depois *Arlequim, Servidor de Dois Amos*, ninguém queria ouvir falar do autor veneziano mutilado, reduzido unicamente a um autor regional durante uma parte do século XIX e começo do século XX, até que Visconti e eu propusemos uma nova leitura. Mas não foi fácil, pois anunciar Goldoni significava encontrar-se diante de plateias vazias. Com a redescoberta de um Goldoni autor e homem, o teatro antecipou-se aos historiadores do teatro. Ele veio com um ato de amor e, ao mesmo tempo, de conhecimento, através dos espetáculos de Luchino Visconti e dos meus e, posteriormente, dos de Squarzina, De Bosio e

Ronconi[5]. Acho legítimo que o movimento que restabeleceu o lugar de Goldoni na cultura italiana e, principalmente, o interesse do público tenha partido do palco em que ele consumiu ou sublimou sua vida.

Com Shakespeare, comecei por *Ricardo III* e *A Tempestade*, em 1948, para retornar à obra definitiva depois de ter feito uma dúzia de encenações, entre *Henrique IV, A Noite de Reis, Macbeth, Júlio César, Coriolano,* as três partes de *Henrique VI* e *O Rei Lear*. Com *Macbeth*, meu trabalho sobre Shakespeare modificou-se, pois esse espetáculo engendrou uma ruptura no meu modo de proceder. Efetivamente, percebi o sentido da peça quando estávamos prestes a apresentá-la e era muito tarde para corrigir os erros e cobrir as lacunas. Aprendi uma coisa fundamental: que é preciso enfrentar os grandes textos em condições de disponibilidade total, depois de um tempo de muita meditação, tendo a possibilidade de ensaiar tantas vezes quanto for necessário. A consciência da derrota me fez compreender a necessidade de amadurecer. De resto, estou convencido de que, na verdade, de engano em engano se progride, mas, sobretudo, trabalhando. Foi uma lição severa, mas benéfica às principais etapas que se seguiram do meu trabalho: *A Trilogia da Vilegiatura* ou *O Jardim das Cerejeiras,* em 1954-1955, e *A Ópera dos Três Vinténs,* em 1955-1956.

Proceder por ciclos é também para mim um modo de afirmar a função investigativa do diretor. Se devo lembrar aspectos que definem meu ofício, prefiro pensar num cientista ou pesquisador que passa a vida investigando uma partícula da verdade. Salvo que esse desejo de pesquisa, eu o aplico ao

---

5 Encenadores italianos: Luigi Squarzina (1922) é igualmente autor; Gianfranco De Bosio (1924) é também cineasta; Luca Ronconi (1933) é o atual diretor artístico do Piccolo Teatro de Milão.

teatro. É uma qualidade pela qual sou reconhecido publicamente desde então. Ao me atribuírem o prêmio Goethe, na Alemanha, me apresentaram desse modo: "Giorgio Strehler: pesquisador". Achei esta definição muito apropriada, porque corresponde realmente ao meu método de trabalho.

Retomar um Espetáculo

O senhor retorna frequentemente aos espetáculos encenados anteriormente. O que significa uma remontagem para um encenador?
Você sabe, eu não retornei com tanta frequência assim se relacionarmos o conjunto dos meus espetáculos com as remontagens! De todo modo, não me parece que sejam remontagens propriamente ditas de espetáculos já realizados. Para um encenador, isso seria verdadeiramente insuportável! Creio que se trata mais de um trabalho de releitura de textos essenciais para mim, sobre os quais quis retornar por ter a impressão de não ter explorado completamente as zonas sombrias ou as interrogações que provocaram em mim. Cedo ou tarde, temos de retomar as reflexões interrompidas ou inacabadas para terminá-las, concluí-las ou tentar compreender se seremos capazes, um dia, de completá-las.

Darei o exemplo da *Tempestade*, de Shakespeare, que encenei em 1948 e em 1977. São dois espetáculos que não têm nada a ver um com o outro. Seria grave se trinta anos depois eu refizesse a mesma coisa! Guardo de "minha" primeira *Tempestade* a lembrança autocrítica de uma falta de maturidade na abordagem de Shakespeare e de ter chegado só até a metade da profundidade. Tivera algumas intuições talvez interessantes, mas disso só conservei uma delas em minha segunda encenação: o papel de Ariel interpretado por uma atriz.

A *Tempestade* esteve secreta e constantemente presente em minha longa pesquisa sobre Shakespeare. Ao montar pela primeira vez o espetáculo, praticamente iniciava meu trabalho de encenador e parecia importante desafiar o impossível que representava e representa até hoje aos meus olhos a encenação desse texto. Quando o apresentei pela segunda vez ao público, já contava com todo o trabalho sobre Shakespeare feito por mim anteriormente, um longo caminho que desembocava em *O Rei Lear*. Minha segunda montagem apoiou-se em algumas conquistas e descobertas ao montar essa obra-prima pela primeira vez em 1972, ao assumir sozinho a direção do Piccolo Teatro.

Posso citar outra peça à qual retornei e que, como *A Tempestade*, é uma grande parábola sobre o teatro: *Os Gigantes da Montanha*, de Pirandello. Aliás, eu havia montado a peça na mesma temporada de *A Tempestade* porque desde sempre sou fascinado pelas obras finais ou testamentais. Elas exprimem algo fundamental da compreensão do artista no final de sua vida: revolucionar as coisas não é suficiente; é preciso recriar o fio essencial que religa os seres humanos ao mundo. Ao retomar *A Tempestade*, compreendi que era uma obra desesperada: um grito final diante da derrota de um projeto falho. É também a caminhada de seu herói, Próspero, em direção ao conhecimento, em direção à conquista do real. É a nossa própria caminhada laboriosa em direção ao conhecimento, de nós outros, intérpretes e espectadores.

A peça *Os Gigantes da Montanha* revela a problemática do teatro sob diferentes formas e resume em si a própria vida do teatro. É uma peça que me fascina inclusive por seu inacabamento. Ela deixa o espectador diante de um grito irreprimível. Tenho necessidade de interrogar *Os Gigantes da Montanha* em momentos trágicos de meu percurso. Na primeira vez, no início da aventura do Piccolo, eu havia colocado o eixo de minha leitura sobre o abismo entre Ilse e Cotrone: Cotrone, o mágico refugiado em uma investigação da arte pela arte que se satisfaz por si só, e Ilse, investida em uma visão da arte como missão, até o martírio. Minha escolha na época foi por Ilse, pois, ainda que a achasse fanática e absolutista, ficava comovido com sua recusa à condição de felicidade e perfeição que Cotrone e os Guignards lhe ofereciam: essa recusa, eu a interpretava como uma conquista e fundamentava minha interpretação da peça na profunda necessidade de estar com os outros, que é expressa por Ilse, mesmo que eles não estivessem prontos para compreender.

Precisei retrabalhar a peça em 1966, num momento difícil de minha vida de homem de teatro, e minha leitura foi diferente: parecia-me que era preciso mostrar o que unia o teatro-missão defendido por Ilse com o teatro de encenação encarnado por Cotrone. Desenvolvi, creio, mais do que uma relação entre diretor e atriz. E encenei a morte de Ilse, abatida pelos gigantes, propondo o que chamei de uma "imagem-ideia", que me possibilitou o inacabamento da peça. Lembro-me que, na época, eu tivera de escrever algo sobre o fato de sermos nós os gigantes a cada vez que nos recusávamos à poesia e, com a poesia, ao homem.

O espaço dos *Gigantes* de 1966 não teve mais nada a ver com o da versão de 1948. Com Frigerio, trabalhamos referências pictóricas do realismo mágico de artistas da escola romana dos anos de 1930, Carrà, Rosai, Balla e Depero[6], cujas obras nos inspiraram também nas máscaras e nas marionetes. Mas, sobretudo, creio que a imagem mais forte, que propus ao final, foi a da cortina de ferro que esmagava a carreta dos atores. Essa imagem não queria significar a morte da teatralidade, eu disse à época e digo novamente hoje, era simplesmente a expressão de minha perturbação diante do desinteresse cada

---

6 Carlo Carrà (1895-1966), Ottona Rosai (1895-1957), Giacomo Balla (871-1958) e Fortunato Depero (1892-1969) foram os criadores do movimento futurista na pintura.

vez mais gritante do poder pela cultura em geral e pelo teatro em particular. A batalha por um teatro público na Itália parecia, de certo modo, perdida por muito tempo. Essa imagem foi minha tradução da morte de um sonho, perseguido e defendido contra todos. Ela expunha meu afastamento doloroso do Piccolo, que eu estava tentando retardar na esperança de que alguma coisa acontecesse. Mais tarde, eu parti para fundar o grupo Teatro e Azione, depois voltei a dirigir o Piccolo por exigência de Paolo Grassi, que tinha sido nomeado superintendente do Scala. Hoje, vinte anos depois de meu retorno, encontro-me novamente numa situação difícil como diretor de uma instituição e como encenador entravado em sua criação pela incompreensão dos poderes públicos diante da criação teatral. E é ainda para essa peça de Pirandello que eu me volto para expressar que nos dias de hoje a metáfora do Teatro e da Poesia se tornou algo mais trágico e que, diante do público dos *Gigantes*, nós, os atores da fábula, devemos simplesmente desaparecer e deixar um vazio e um outro silêncio. Talvez, justamente a partir desse silêncio, do calafrio da angústia dos espectadores abandonados num teatro semi-iluminado por fracas luzes vacilantes, possa nascer um sobressalto, um questionamento, uma breve e profunda reflexão sobre nosso destino. Para mim não se trata de refazer um espetáculo antigo, mas de reafirmar, ainda mais tragicamente com um espetáculo atual, o grande desarranjo que nos cerca. Com uma única esperança: se os gigantes sempre venceram, eles sempre perderam, no mito como na história. Mas não o homem.

Arlequim... *Sempre Recomeçado*

Um espetáculo acompanha seu percurso de encenador desde a fundação do Piccolo: trata-se de Arlequim, Servidor de Dois Amos. *Esse espetáculo sempre o mesmo e, ao mesmo tempo, sempre diferente, é uma espécie de desafio à efemeridade do teatro. Por que o senhor escolheu o texto de Goldoni como suporte de sua pesquisa sobre a* Commedia dell'Arte? *E como o senhor explica a longevidade do espetáculo que extraiu daí?*

Escolhi o texto de Goldoni por vários motivos: o primeiro foi porque queríamos, com Paolo Grassi, fundar nosso trabalho a partir de propostas de Gramsci[7], preconizando um teatro social, ideológico, e, ao mesmo tempo, retornar a Goldoni, considerado um autor popular, e às obras dialetais. Ora, esse texto não era encenado em italiano há muito tempo. O segundo motivo, mais pessoal, era que eu sabia do interesse de Goethe por essa peça, que ele julgava excelente. Sabia também da predileção de Mozart pelo *Servidor de Dois Amos* e que ele até desejara, num determinado momento, torná-la uma ópera. O terceiro motivo foi o fato de que Goldoni, com esse texto, homenageava a tradição da *Commedia dell'Arte,* antes de se lançar na reforma do teatro. Ele escrevera o texto por encomenda de um célebre Arlequim, Antonio Sacchi, de quem integrou os *lazzi*[8] no corpo do texto quando decidiu publicá-lo anos depois. O interessante para mim é que, em seu prefácio, Goldoni dava a entender que o ator que retomasse o papel de Arlequim seria capaz de inventar suas próprias ações cênicas. Quando jovem, eu era obcecado por certos problemas do "teatro gestual", que chamávamos simplesmente de "mímica". As relações do corpo no espaço, o sentido do movimento expressivo, do gesto, do silêncio animado eram, para mim, repletos de interrogações e mistérios. O texto de Goldoni me dava oportunidade de converter em ato essa interrogação, pela pesquisa de uma tradição

---

7 Antonio Gramsci (1891-1937), escritor e teórico italiano preso pelo regime de Mussolini, foi um dos principais pensadores da tradição marxista.
8 Jogo cênico da *Commedia dell'Arte*.

perdida e por um trabalho de recriação. Pois, no fundo, não sabíamos muito bem, naquele momento, o que fora realmente a *Commedia dell'Arte*. Na verdade, havia os escritos de historiadores do teatro, como Apollonio, D'Amico e Simoni[9], bem como vestígios de encenações do *Servidor*[10] por Max Reinhardt, mas tratava-se de uma versão muito pessoal da qual não podíamos extrair grande coisa. Evidentemente, havia também o que eu conhecia das pesquisas sobre as máscaras de Copeau e sobre a possível reinterpretação de Arlequim no homenzinho com a bengala, Carlitos, de Charlie Chaplin.

Na temporada de estreia do Piccolo, apresentamos um espetáculo que nos parecia inacabado, pois não tínhamos tido tempo suficiente de ensaiá-lo. Se o retomei nos anos seguintes, prosseguindo minhas investigações sobre o jogo de máscaras em *O Corvo*, de Gozzi, foi para conquistar uma coerência no jogo e, ao mesmo tempo, experimentar com os atores novas ações na elaboração de uma partitura cênica satisfatória.

Devo dizer que *Arlequim, Servidor de Dois Amos* foi um sucesso imediato, ainda que, na estreia, o público risse somente no final do primeiro ato. Talvez porque não encontráramos o ritmo adequado, mas talvez também porque o público italiano, depois de trinta anos, esquecera o que era um espetáculo elaborado a partir de um cômico corporal.

Se eu o remontei depois, foi inclusive para responder a uma demanda do público, não apenas italiano, mas também internacional, pois o espetáculo triunfou nas turnês de suas

9   Mario Apollonio (1901-1971), Silvio D'Amico (1887-1955) e Renato Simoni (1875-1952), críticos e historiadores do teatro, especialistas da *Commedia dell'Arte*.
10 A estreia foi em 1924, em Viena, e a segunda apresentação, em 1939, em Los Angeles. A primeira versão com variantes foi objeto de numerosas remontagens até 1932.

diversas versões. Devo admitir que nem sempre o fiz de bom grado e descobri, nessa época, que os sucessos geralmente são tirânicos. Na realidade, foi difícil eu aceitar que meu trabalho fosse assimilado unicamente nesse espetáculo quando eu fizera encenações muito mais ambiciosas e acabadas. Muitas vezes, quis interromper *Arlequim*, encenei até uma versão chamada "Adeus". Mas isso se revelou impossível, pois os convites de teatros do mundo inteiro não paravam de chegar e só podíamos mostrar o resto de nossa produção se prometêssemos juntar *Arlequim* a ela... Já que era preciso remontar o espetáculo, apresentei versões muito diferentes umas das outras no espaço de alguns anos: versões que respeitavam a partitura elaborada em estreita colaboração com os comediantes, porém inscrevendo-a numa dimensão e num espaço sempre novos, acompanhando a evolução de meu trabalho de encenador.

Se eu me lastimasse, seria de má-fé, visto que esse espetáculo possibilitou ao Piccolo o reconhecimento mundial, tornou-se até nosso emblema. Também possibilitou a formação ou o aperfeiçoamento prático de várias gerações de atores italianos, ao se confrontarem com a dimensão gestual e rítmica do jogo imposto pela forma. Nesse sentido, *Arlequim, Servidor de Dois Amos* foi e é inclusive um espaço de formação.

Na realidade, a lista de atores que passaram por Arlequim... *é impressionante. Porém, somente dois comediantes revezaram-se no papel-título: Marcello Moretti e Ferruccio Soleri. Como o senhor trabalhou com eles? Houve transmissão de um ao outro?*
Quando Paolo Grassi e eu encontramos Moretti pela primeira vez, soubemos imediatamente que ele era um dos atores com o qual queríamos construir nosso teatro. Ele não era mais jovenzinho quando decidiu se tornar ator; tinha atrás de si uma longa experiência do mundo do trabalho, tendo exercido diversos

ofícios. De origem veneziana, formara-se na Academia de Arte Dramática de Roma com uma interpretação de Arlequim em *O Servidor de Dois Amos*, antes de ser convidado por Visconti. Seu percurso nos interessava e notificamos nossa intenção de lhe confiar o papel de Arlequim a partir da primeira temporada. Porém, não foi fácil convencê-lo e quase tivemos de arrastá-lo à força ao espetáculo que ia ser sua vida inteira e marcar seu encontro com a máscara. A conquista da máscara foi, para os atores, um desenrolar progressivo que esbarrou com a falta de uma tradição viva e, consequentemente, com um hábito mental e físico. E também com a ausência de instrumentos apropriados. Na primeira versão, os comediantes atuavam com máscaras de papelão e gaze que nós mesmos havíamos fabricado. Mas elas eram pouco confortáveis e não permitiam os movimentos das pálpebras. Sobretudo, não permitiam aos atores o domínio da mobilidade. Marcello e os outros se sentiam inexpressivos. Um dia, ficamos sabendo que, perto de Bolonha, vivia um comediante muito idoso que havia interpretado Arlequim em um *canevas* de *Commedia dell'Arte*. Fomos visitá-lo e nos encontramos diante de um velho senhor que não se lembrava de mais nada, exceto de ter provocado riso ao comer um enorme prato de massa em cena. Quando Marcello lhe perguntou como era sua máscara, ele contou que nunca usava máscara e pintava uma em seu rosto. Isso fez com que Marcello resolvesse fazer o mesmo. Portanto, ele atuou desse modo em alguns espetáculos. Mas eu não o largava e não parava de insistir para que só atuasse mascarado. Instaurou-se entre nós uma espécie de conflito em torno da questão da máscara. Em seguida, nos dirigimos a Amleto Sartori, um artesão escultor que conhecia muito bem o teatro e era nosso amigo. Ele retomou uma técnica perdida por muito tempo: a dos mestres da arte da máscara dos séculos XVI, XVII e XVIII. Depois de inúmeras tentativas, esculpiu as primeiras máscaras em couro que, aos poucos, amaciaram e ficaram leves. No instante em que giraram as máscaras no espaço, os comediantes e Marcello se deixaram persuadir, e eu diria que a partir desse momento o trabalho pôde começar.

Moretti foi um ator exigente, curioso, pesquisador. Ele frequentou muito o ateliê de Amleto Sartori para tentar desvendar os segredos de confecção das máscaras, até conseguir confeccioná-las sozinho. Ele notara que, geralmente, as máscaras primitivas dos criados da *Commedia*, que na Itália se chamam *zanni*, tinham uma cavidade ocular muito pequena e aquilo lhes conferia uma animalidade interessante. Mas essa particularidade limitava o campo visual e obrigava a uma sucessão de gestos muito rápidos, a deslocamentos bruscos e solavancos acentuados, por um movimento quase mecânico dos membros e da cabeça. Verificamos essa intuição através de uma pesquisa de antigas gravuras em que a personagem é sempre apanhada em posições que parecem os instantâneos de um balé. A partir dali, Moretti incorporou esses movimentos e pudemos construir o que chamamos, com Sartori, de a "arquitetura corporal" do Arlequim.

Para os *lazzi*, trabalhamos a partir de improvisações. Relato sempre como chegamos naquele *lazzo* da mosca devorada, que se tornou um dos mais famosos. Em um ensaio, ao pesquisarmos juntos as motivações de certos deslocamentos, Moretti me perguntou como deveria entrar em cena. Eu lhe sugeri tentar do fundo e se lançar por baixo do telão pintado. Ele me perguntou a motivação dessa entrada. Eu lhe respondi que era para apanhar alguma coisa, uma borboleta, por exemplo. Ele tentou uma ou duas vezes, depois decidiu que a borboleta ia se transformar em uma mosca por ser mais realista e mais do estilo de Arlequim. Depois de um instante, ele apanhou em voo a mosca invisível, sentou-se no chão e começou a arrancar suas asas. Eu pedi que parasse porque achava que era um jogo sádico. Ele me respondeu que as crianças faziam esse gênero de jogo, olhou-me, depois enfiou a mosca na boca e a engoliu. Eu reclamei, mas ele não cedeu e foi até o fim. Ele estava certo, a cena da mosca devorada teve um enorme sucesso. O mais surpreendente é que, cerca de vinte anos depois, nós descobrimos, num velho texto sobre a *Commedia dell'Arte*, que um antigo Arlequim já havia feito o número da mosca devorada.

Escrevemos juntos uma partitura cênica muito precisa que Moretti respeitou escrupulosamente, pois ele propunha muitas coisas e improvisava nos ensaios, mas jamais se arriscava a sair da marcação imposta aos espetáculos.

Em 1960, em vista da temporada americana, tínhamos de encontrar um duplo para o papel-título que garantisse ao menos um espetáculo por semana, como determinava a norma nos Estados Unidos. Foi nessa época que Ferruccio Soleri, de quem eu havia notado as qualidades físicas e a mobilidade, foi contratado como criado para se familiarizar com o espírito do espetáculo, observar internamente o trabalho de Moretti e se formar com seu contato. Moretti, com muita generosidade, fora das horas de ensaio, me ajudou a formar o jovem e novo Arlequim, mais acrobático, mais leve do que ele. Moretti ensinou os *lazzi* a Soleri, respeitando profundamente sua natureza. Assim nasceu um novo Arlequim. Entre Moretti, o Arlequim terreno da voz roufenha, e Soleri, o Arlequim aéreo da voz aguda, toda uma história teatral recobrou existência, remetendo ao processo de transmissão do ofício de um ator ao outro, após tê-lo enriquecido com sua experiência pessoal: processo típico da *Commedia dell'Arte*. Geralmente, eu os deixava sozinhos nas horas que passavam no palco e só intervinha no momento do ensaio. Frequentemente alternava os dois arlequins nas mesmas cenas. Terminávamos uma cena com o primeiro e, sem interrupção, nós a retomávamos do início com o segundo. Era rápido, sem compromisso, com as mesmas falas e quase os mesmos ritmos: mudava somente o ator principal. Enquanto Soleri atuava, Moretti o observava da coxia, em seguida, ao final do ensaio, nós o encontrávamos num canto do palco para corrigir o jovem Arlequim ou falar com ele. Creio que vivi naquele momento uma das experiências mais marcantes de meu percurso de diretor.

O Encenador-Intérprete

Ouvi dizer muitas vezes que o senhor foi, sobretudo, um intérprete... Luto para afirmar a importância fundamental do texto no teatro: não é por isso, como disse, que renego a importância de todos os outros elementos do espetáculo teatral. Porém, todos nascem de uma interpretação do texto dramático. Sou alguém que interpreta o que os outros disseram, que escreve sobre as palavras de outrem. Sei ler uma peça, às vezes até muito bem, tento lê-la com os outros, mas foi Tchékhov quem escreveu *O Jardim das Cerejeiras* e não eu. Isso não quer dizer que não creia na capacidade do diretor de ser coautor do espetáculo criado a partir dessa leitura. Mas estou persuadido de que isso não concerne simplesmente aos diretores, mas também aos atores. Costumo dizer que, em cada encenação minha, há uma metade que é minha própria criação, corrigida pelos atores, e outra metade que é uma criação dos atores, corrigida por mim.

O teatro é uma arte coletiva complexa que se serve dos talentos e das possibilidades de um grande número de pessoas, colaborando juntas. É uma das características mais fundamentais e fascinantes do teatro. Nesse coletivo, o encenador consciente da totalidade é aquele que deve unificar os elementos heterogêneos do teatro sempre com uma "presença crítica", para falar como Jouvet.

Inventar-se e Escolher Mestres

Frequentemente, o senhor se refere a Jouvet como um mestre. Os mestres são importantes no teatro?

Só posso responder em meu nome e em função do que acredito. Para mim, que vim de uma geração sem mestres, e vivi num país culturalmente bloqueado pelo fascismo, com quarenta anos de atraso em relação ao resto da Europa em matéria de trabalho teatral, eles foram necessários. Eu escolhi três.

O primeiro é Jacques Copeau, que não conheci pessoalmente, mas de quem me afeiçoei, se posso dizê-lo, por intuição. Não sei até que ponto essa "figura de homem de teatro" que tornei minha, que quase inventei, coincide com o homem real. Mas isso talvez não seja muito importante, pois tenho quase certeza de que esse Jacques Copeau perfeito e desconhecido, sem se tornar o mito de si mesmo, é tão verdadeiro quanto aquele que encontramos nos testemunhos das pessoas que o conheceram. Devotei a ele uma afeição muito secreta que ele ignorou, mas que ajudou a me construir, provavelmente também porque tive necessidade, naquele momento, de uma figura paterna, na medida em que praticamente não conheci meu pai, morto tragicamente quando eu tinha três anos.

Eu amei Copeau através de suas *Souvenirs du Vieux-Colombier* (Recordações do Vieux-Colombier)[11], por suas frases e declarações, que me foram contadas por seus alunos ou amigos íntimos, e sentia que ele tocava em algo essencial em mim. Copeau me ensinou a ideia de um teatro como compromisso absoluto, como dádiva de si aos outros, um teatro que não é um fim em si. Ele me fez compreender que devia existir aí uma unidade entre a escrita e a representação, uma unidade entre

---

11 Paris: Nouvelles Editions Latines, 1931.

autores, atores, cenógrafos, músicos e maquinistas. Unidade, como você sabe, que se tornou a base de meu trabalho.

Meu segundo mestre é Louis Jouvet. Eu o conheci bem e lhe sou grato por ter me comunicado o amor pelo ofício enquanto ofício e o orgulho de exercê-lo bem. Quando o conheci, eu ainda era muito jovem e ele já era "o mestre", como o chamavam. Dava a impressão, sob sua máscara polida e seu perfil cortante, de ser distante e arrogante. Ele era, ao contrário, humilde, atencioso, generoso, sinceramente interessado pelo trabalho dos jovens. Devo a ele a capacidade de aceitar os que nos sucedem, mesmo que nos pareçam um pouco hostis. Ele me fez descobrir que uma encenação não é somente um trabalho filológico, cultural ou técnico, mas também uma "compreensão sensível" do texto, um abandono intuitivo aos seus valores poéticos. E, aliás, há uma frase sua que me marcou profundamente e que repito o tempo todo: "Somente os poetas têm uma vocação! Somente os poetas permanecem."

Depois dos espetáculos, ele nos recebia em sua casa com as paredes recobertas por gravuras do século XVII, fotografias de teatro, ou em seu camarim, onde eu notara que, ao lado de um busto de Molière, havia um quadro representando Isabella Andreini[12], a primeira atriz da célebre trupe da *Commedia dell'Arte*, I Gelosi, e isso me comoveu muito. Por ocasião dessas noitadas em que, relaxado, ele nos falava de suas leituras das peças de Molière que montara ou ia montar, e dos dramaturgos franceses contemporâneos, sentia que estava assistindo a aulas de teatro e de cultura teatral. Lembrei-me, muitos anos depois, na minha vez de encenar o texto de Corneille, de sua análise

---

12 Atriz e poetisa italiana (Pádua, 1562-Lion, 1603). Na temporada francesa da companhia dos Gelosi, ela foi, em 1603, a primeira mulher a entrar em cena em Paris.

de *A Ilusão Cômica*. Ele nos falava com a simplicidade daqueles que têm a generosidade de compartilhar do seu conhecimento. Quando morreu, em 1951, eu estava prestes a ensaiar, em Veneza, *A Moça Honesta*, de Goldoni. Portanto, não pude ir ao seu enterro. Todavia, três anos depois, eu lhe prestei homenagem ao montar no Piccolo *A Louca de Chaillot*, com os cenários e figurinos de Christian Bérard e com a música original de Henri Sauguet, que Jouvet utilizara em sua encenação.

Sou um aluno direto de Bertolt Brecht. Considero-o, portanto, meu terceiro mestre. Certamente eu o conheci bem e foi um encontro fundamental para mim. Lembro-me perfeitamente de minha primeira conversa com ele em Berlim, em seu apartamento de paredes brancas. Era um homem simples, atento, curioso, que aprendi a conhecer ao longo de nossos encontros em Berlim, pois assim que eu tinha um tempinho, ia assistir aos seus ensaios no Berliner, ou em Milão, quando ele veio para os ensaios da *Ópera dos Três Vinténs*, que criamos em fevereiro de 1956, alguns meses antes de sua morte. Constatei então que Brecht era um completo homem de teatro, um grande mestre das técnicas do palco. Ele era, se podemos dizer, um "bicho de teatro", provavelmente mais do que Jouvet, porém menos espetacular, mais tímido. Era também mais distante e tinha uma capacidade de análise e ironia que me fascinava, pois eu me achava desprovido disso. Ele me ensinou, antes de tudo, a duvidar, a nunca pensar que se é dono da verdade, a escutar a crítica. Mas sempre de uma maneira construtiva. Aliás, ele impelia às vezes seus colaboradores, atores e cenógrafos a ir para outros lugares, a trabalhar com outros e retornar depois a ele.

Ele me ensinou também que as discussões, as dissensões, até mesmo os escândalos, são necessários ao teatro, que um bom teatro não deve criar um consenso, mas dividir. Foi, talvez, a noção mais difícil de assimilar; eu era tão afeito à ideia de que o teatro da fraternidade devia unir. Ele me ensinou a realizar um "teatro humano" rico, inteiramente teatro, mas sem ser um fim em si. Um teatro que divertisse, mas ao mesmo tempo também ajudasse os homens a evoluir e a transformar este mundo num mundo melhor, num mundo para o homem. Gostaria de explicitar algo. Se Brecht influenciou minha maneira de pensar o teatro, eu jamais fiz um teatro brechtiano segundo a ortodoxia brechtiana, que foi, aliás, mais transmitida por alguns de seus discípulos do que por ele mesmo. Não creio que ele esperasse que se fizesse o teatro para imitá-lo ou satisfazê-lo. Para mim, Brecht foi o mestre, não de um dogma, mas de uma severa liberdade.

Ele igualmente possibilitou minha compreensão de certos textos dos quais eu não apreendera o alcance. Por exemplo, eu considerava *Coriolano*, de Shakespeare, uma peça fascista e fiquei espantado, um dia em Berlim, ao encontrar Brecht envolvido com seu estudo. Como eu lhe manifestasse meu espanto, ele se divertiu com minha "ingenuidade" e lançou minha atenção para certas passagens, particularmente para a cena da revolta popular e para as motivações que guiavam o comportamento de Coriolano. Reli, pois, a obra como Brecht me sugeriu. Percebi então, ao ler o texto original e a tradução alemã, que as traduções italianas, provavelmente orientadas, alteravam o sentido da obra. Quando comecei, com o tradutor Gilberto Tofano, a preparar o texto para o espetáculo – a descoberta me dera vontade de encenar a peça –, percebemos que nos encontrávamos diante de uma obra desconhecida. Coriolano surgia como um rapaz imaturo, manipulado pela classe dominante e por uma mãe monstruosa: era reacionário porque ia contra o movimento da História, era impiedoso e, ao mesmo tempo, desarmado e desconcertante. Em 1957, quando abordei *Coriolano*, já havia montado muitas peças de Shakespeare. Mas foi realmente com essa que aprofundei minha reflexão sobre o autor do qual montei a maioria dos textos em minha carreira.

Fora estes que o senhor considera mestres, há outras pessoas de teatro que o marcaram?
Certamente. Ao lado dos que considero meus mestres diretos, tenho pontos de referência. Nunca pensei que pudesse inventar tudo sozinho e fico feliz por reconhecer as dívidas. Penso que um encenador deve ter muito conhecimento para elaborar sua própria escrita e conhecer as realizações dos outros para encontrar seu estilo, preservando totalmente uma atitude crítica.

Não posso abstrair o trabalho dos grandes encenadores russos. Stanislávski, primeiramente. Como os homens de teatro de minha geração, parti de Artaud: aos dezoito ou dezenove anos, escrevi um texto intitulado "Desumano e Teatro" depois de ter lido "O Teatro e a Peste", de Antonin Artaud, e o que eu sabia do ator vinha diretamente de *O Teatro e Seu Duplo**. Eu estava, como meus camaradas, à procura de novas ideias para um novo teatro. Ainda não conhecíamos Brecht e estávamos a ponto de passar ao largo de Stanislávski. Foi Brecht quem nos ensinou a recuperá-lo para avançar, ao demonstrar que ele foi o mestre de todos nós. Creio que, apesar de nossas diferenças, tanto no plano ideológico quanto artístico, Stanislávski esteve sempre presente em meu percurso.

Eu me interessei igualmente por Vakhtângov e suas investigações sobre a *Commedia dell'Arte*, mas também por Meierhold, de quem tinha ouvido falar, e Brecht – aliás, pela primeira vez em Milão, na casa de Ferdinando Ballo[13], onde se

---

*   3.ed. São Paulo: Martins Fontes, 2006. (N. da E.)
13   Mecenas e crítico musical antifascista, ele fundou, em 1943, com o industrial Achille Rosa, a editora Rosa e Ballo, cuja coleção sobre o teatro moderno, dirigida por Paolo Grassi, foi fundamental para a difusão de textos de autores contemporâneos italianos e estrangeiros.

reuniam intelectuais e artistas antifascistas. Ballo fundara, nos anos de 1940, uma editora na qual Paolo Grassi se encarregava da coleção de teatro. Algumas obras foram publicadas graças às memoráveis encenações, como a de Erwin Piscator para *Oplá! Estamos Vivos!*, de Ernst Toller; foram igualmente publicados os textos de Maiakóvski, entre os quais *Mistério-Bufo*, *O Percevejo* e *Os Banhos*, com encenação de Meierhold, ou ainda *O Inspetor Geral*, de Gógol. Tive pressa de montar esses textos, mas só pude fazê-lo em 1951, com a peça de Toller, e em 1952, com *O Inspetor Geral*.

Formei uma noção do trabalho de Meierhold, primeiramente pelo que pude ouvir na casa de Ballo, frequentada também por Gerardo Guerrieri ou Vito Pandolfi, que conheciam bem o teatro russo; ou nas trocas que mantinha com o compositor e maestro Bruno Maderna, que dirigiu, em 1956, minha primeira versão da *Ópera dos Três Vinténs*. Bem antes dessa data, creio até que foi no início dos anos de 1950, ele foi o primeiro a me falar da dimensão musical do trabalho de Meierhold. Na época, discutíamos muito o pensamento de Gramsci sobre a autonomia em relação aos modelos ou sobre a revolução russa massacrada por Stálin, e o assunto era Meierhold e Maiakóvski, uma fonte de inspiração para os jovens compositores, entre eles Luigi Nono.

Depois, foram publicados a tradução de *La rivoluzione teatrale**, de Meierhold, bem como, nos anos de 1960, os livros de Angelo Maria Ripellino, que nos esclareceu sobre o trabalho dos russos. Em 1974, quando montei *O Amor das Três Laranjas*, de Prokofiev, no Scala, quis reatar de algum modo os caminhos empreendidos na minha juventude (já havia montado essa ópera em 1954, no mesmo Scala) ao realizar uma encenação não "à

---

* Obra organizada por Giovanni Crino, com tradução de Irina Malystchev e Liliana Persanti; Roma: Riuniti, 1962. (N. da E.)

maneira de", mas inspirada na maneira de Meierhold. Retornei aí provavelmente ao montar uma versão de *Arlequim, Servidor de Dois Amos* em forma de homenagem a Meierhold. Não creio que todas essas referências citadas, importantes para mim, sejam simplesmente o signo de meu ecletismo. Estou persuadido de que existe um elo misterioso entre Stanislávski, Meierhold, Copeau, Brecht e Chaplin.

Fui igualmente muito marcado pelas lições de Etienne Decroux, nosso primeiro convidado do Piccolo Teatro, e que me pareceram imediatamente perturbadoras. Ainda hoje, penso nesses anos com Decroux na escola do Piccolo, depois com Maryse Flach, sua aluna, e com Jacques Lecoq, como momentos fundamentais não somente para minha formação teatral, mas para toda uma geração de pessoas de teatro. O teatro que veio depois foi marcado pela experiência de Decroux[14]. Para os exercícios "com máscara" (também praticávamos muito intensamente inúmeros exercícios "sem máscara", de rosto nu), Sartori havia preparado uma que, a meu ver, é sua obra-prima, a "máscara neutra", ou seja, uma máscara "sem expressão". O gesto, o corpo, a situação, a relação com os outros corpos em movimento deviam, por si só, dar um sentido e um sentimento à máscara estática, abstrata e ausente inventada por Sartori, a quem havíamos encomendado pesquisas para as máscaras de nossos espetáculos em torno da *Commedia dell'Arte* do século XVIII, em *Arlequim, Servidor de Dois Amos* e em *O Corvo*, de Gozzi. Acho que o grande interesse daqueles anos foi o de avançarmos juntos, os atores e eu.

Finalmente, não posso esquecer tampouco o trabalho de Max Reinhardt, por quem me interessei bem cedo, não

---

14 Mímico e ator, Etienne Decroux (1898-1991) formou-se na escola do Vieux-Colombier com Copeau antes de trabalhar com Dullin, Jouvet, Baty e Artaud. Ele foi o mestre de Jean-Louis Barrault e Marcel Marceau.

somente devido às suas encenações do *Servidor de Dois Amos*, mas também por sua abordagem de Shakespeare. Fiquei muito impressionado pelo fato de ele retornar treze vezes ao *Sonho de uma Noite de Verão*, como se estivesse à procura de algo que não conseguia alcançar. Aconteceu também de eu vê-lo ensaiar *O Mercador de Veneza*, em 1934, no Campo San Trovaso, no espaço da Bienal de Veneza, ao acompanhar minha mãe num concerto dela ali. Lembro-me muito bem desse homenzinho elegante, nervoso, de mãos enluvadas, que despendia muita energia para corrigir os gestos, a posição e a inscrição do corpo dos atores no espaço, as entonações. Fiquei impressionado, mas era muito jovem para apreender o que somente fui entender mais tarde, quer dizer, sua tentativa de dar um ritmo ao espetáculo, sua busca de uma musicalidade. Em setembro do mesmo ano, ele fugiria da Alemanha, pois recusara a qualidade de "ariano de honra" que Goebbels lhe oferecera. Eu também o admirei por isso, como sempre admirei Toscanini, não só por seu extraordinário talento, mas por ter tido a coragem de quebrar sua batuta de maestro sob o nariz dos fascistas que queriam lhe impor a execução de seu hino antes de cada representação no Scala: sabia que, ao fazê-lo, seria obrigado ao exílio.

Sou também devedor das experiências, sensações, reflexões de todos aqueles cujo trabalho, que pude ver num dado momento, me falou: citaria, sobretudo, Orazio Costa[15] e Luchino Visconti, de quem assisti às primeiras encenações teatrais quando eu ainda era crítico teatral de um diário milanês[16]. Lembro-me ainda muito bem de suas *Bodas de Fígaro*, de Beaumarchais, com Vittorio de Sica e Marcello Moretti, nosso futuro

---

15 Encenador e pedagogo (1911-1999). Fundou, em 1944, o Piccolo Teatro de Roma. Foi também um aluno de Copeau e seu assistente, em 1938, quando aquele encenou em Florença *Como Gostais*, de Shakespeare.
16 Strehler foi crítico teatral do diário *Milano Sera* em 1945 e início de 1946.

Arlequim. Visconti foi um grande diretor de atores. Ele tinha em seus espetáculos uma concepção do espaço e de iluminação que me fez refletir, ainda que tenha seguido uma direção totalmente diferente da sua e que meus espetáculos não tenham nada a ver com os seus. Ele trabalhava em Roma e eu em Milão, e na época as comunicações não nos permitiam ir tão facilmente quanto hoje de uma cidade a outra. Só pude assistir aos espetáculos que vinham em turnê a Milão. Consequentemente, não nos encontrávamos muito. Mas quando ele estava em Milão, ia assistir aos meus espetáculos no Piccolo e muitas vezes me defendeu dos meus detratores, particularmente quando montei *A Vida de Galileu*, de Brecht. Eu gostava, sobretudo, de seus filmes iniciais, *Obsessão* e *A Terra Treme*. O cinema sempre foi uma fonte de inspiração estimulante para o meu trabalho.

O Teatro e o Cinema

Uma das coisas que me impressionou quando comecei a trabalhar com o senhor foi descobri-lo como um grande cinéfilo e espectador de cinema apaixonado. Aliás, a paixão pelo cinema lhe valeu a presidência do júri do Festival de Cannes em 1982. Quais os filmes que mais o estimularam em seu trabalho?

Há muita coisa aí, pois frequentei o cinema desde muito jovem e tenho gostos muito ecléticos. Começarei por Chaplin. Dois filmes dele me comovem mais particularmente: *O Circo* e *Senhor Verdoux*. Eu assisti *O Circo* pela primeira vez quando criança e, ao revê-lo mais tarde, percebi que havia semelhanças entre Carlitos se equilibrando em seu arame e Ariel, que volteava nos ares, suspenso por um cabo ativado pelo maquinista, em minha montagem de *A Tempestade*. Contudo, não tive consciência disso ao encenar o espetáculo. Admiro Chaplin por essa capacidade de atuar muito bem e, ao mesmo tempo, encenar magnificamente, de uma forma leve, para dizer as coisas mais perturbadoras, a partir da qual se pode aprender muito.

Fui muito marcado pelo *The Crowde* (A Multidão), de King Vidor, que com uma inteligência amarga antecipou a representação de certa América. Mas posso citar ainda *Metrópolis* e o *Doutor Mabuse*, de Fritz Lang, os filmes de Alexandre Dovjenko, de Orson Welles. E também *Alexandre Nevsky* e *Ivan, o Terrível*, de Eisenstein, que me tocam, principalmente quando trabalho na ópera e, mais particularmente, quando abordei *Macbeth*, de Verdi e *Lohengrin*, de Wagner. Aliás, o próprio Eisenstein encenava ópera e percebe-se na composição de seus filmes.

Interessei-me também pelos filmes de Jean Grémillon: em *Maldone*, vi pela primeira vez Charles Dullin. Recordo-me dele, sentado em uma mureta, sob um grande plátano, com o campo infinito ao fundo. O homem está fatigado, esconde o rosto em suas mãos. Está só no silêncio da tarde. Quando assisti a essa sequência, não pude deixar de pensar em "O Infinito", do poeta italiano Giacomo Leopardi[17], e nem de comparar o físico deste com o de Dullin. Não sei por que senti um elo secreto entre esse homem de teatro e o poeta italiano. Depois do filme, li seu livro *Souvenirs et notes de travail d'un acteur* (Lembranças e Notas de Trabalho de um Ator)[18], que muito me ajudou a compreender seu trabalho. Mais tarde, fui ver o filme de Pabst, *Mademoiselle Docteur* (também conhecido como *A Mulher Que Destruiu Salônica*), no qual ele interpreta admiravelmente o papel do coronel Matthesius, e citarei também *Crime em Paris*, de Clouzot, em que ele interpreta o inquietante Brignon, ao lado de Jouvet.

---

17 Filósofo e poeta italiano (1798-1837). Cf. *Chants*, trad. Michel Orcel, Paris: Flammarion 2005.
18 Publicado em 1946, em Paris, na edição de O. Lieutier (reed. Paris: Librairie Théâtrale, 1985).

Gosto dos filmes de Jean Renoir. Quando estive exilado na Suíça, em 1943, no campo de refugiados de Mürren, com outros italianos, conheci o cineasta Dino Risi. Tínhamos fundado um cineclube em que escolhemos projetar os filmes de Renoir, particularmente *A Grande Ilusão*, e os filmes de Pabst que conseguíramos, não sei muito bem como. Vimos também os filmes de René Clair e Lubitsch. Sensibilizo-me muito com a delicadeza de René Clair e a elegância refinada de Lubitsch. Gosto dos filmes de Bergman. Mas poderia citar também Martin Scorsese, do qual gostei muito de *Caminhos Perigosos*. E muitos outros. Sou também um espectador apaixonado de filmes B ou dos filmes *noirs*.

De resto, gosto desde sempre e sem distinção de todos os filmes de meu amigo Fellini. Assisti *Amarcord* quando preparava a distribuição de elenco do *Campiello*, de Goldoni, que encenei em 1975. Os atores extraordinários desse filme influenciaram minha concepção da distribuição dos papéis, a ponto de ter contratado para intérprete do jovem Zorzetto o mesmo Bruno Zanin que encarnava a personagem de Titta, ou seja, de Fellini jovem, já que *Amarcord* é construído a partir de uma dimensão autobiográfica.

Há outros atores que o influenciaram em seu trabalho?
Devo algo, em maior ou menor medida, a todos os comediantes com quem trabalhei. Como são centenas, demoraria muito tempo citá-los todos. Houve um ator com quem eu não trabalhei – um dos meus grandes arrependimentos –, mas que eu conheci muito bem, de quem segui a carreira tanto no teatro como no cinema e que foi uma fonte de inspiração: Gérard Philipe. Bem depois de sua morte, prematura para mim e para muitos, e uma grande dor, continuei pensando nele quando imaginava as distribuições ideais de meus espetáculos. Por exemplo, e isso pode parecer curioso, em *Le baruffe chiozzotte*, de Goldoni, eu o imaginava

no papel de Isidoro, o jovem substituto do chanceler, por meio de quem Goldoni relata um momento de seu passado. Queria que essa personagem fosse sedutora, anticonformista, afetuosa e irônica. Pensar na arte de Gérard Philipe me ajudou a construir a personagem e a dirigir o ator que a interpretava.

Acredito que isso venha da época em que imaginava as encenações na minha cabeça, mas procedi desse modo por muito tempo. Conjeturava uma distribuição ideal, com atores às vezes já falecidos, que estimulava meu imaginário em torno da personagem e me permitia compreender a escolha de determinados atores, não unicamente pela semelhança, mas pelo que eles desprendiam. Faço menos isso atualmente, pois trabalho com atores que conheço há muito tempo ou com os alunos da escola dos quais acompanhei o trabalho. Elaboro mais as distribuições de papéis em função deles.

Posso citar também uma atriz que me fascina e me inspira: Greta Garbo, cuja interpretação acho incrivelmente moderna. Cito-a sempre como exemplo aos atores que trabalham comigo, pela sobriedade vital e poética com que ela interpreta seus papéis. Ela me inspirou igualmente a ideia de um filme do qual escrevi a sinopse: a história de um diretor desejoso de convencer uma atriz que se afastou (Greta Garbo) a retornar ao cinema para interpretar uma diva do teatro italiano (Eleonora Duse) que também havia deixado a cena por certo tempo antes de retornar para interpretar *A Dama do Mar*, de Ibsen, apesar de sua idade avançada e de seus cabelos brancos.

Como você sabe, nunca filmei essa história, não mais do que as outras sinopses que escrevi, como, por exemplo, a que tirei de *A Consciência de Zeno*, de Italo Svevo[19], em 1967, creio,

---

19 Italo Svevo (1891-1928) nasceu, como Strehler, em Trieste. Amigo de Joyce, introduziu na Itália os textos de Freud. Ele é conhecido

e para a qual eu via Marcello Mastroianni como protagonista; ou a de um romance de Carlo Castellaneta[20], *Notti e Nebbie* (Noites e Névoas), no final dos anos de 1970, uma reflexão sobre o fascismo italiano e sua subordinação ao capitalismo. Há também dois romances que gostaria de adaptar para o cinema: *A Montanha Mágica*, de Thomas Mann, e *Os Anos de Aprendizado de Wilhelm Meister*, de Goethe.

Quais os motivos que o impediram de passar à realização cinematográfica quando, por muitas vezes, a imprensa italiana anunciava que o senhor ia filmar?
Creio que foram muitos. Em primeiro lugar, definitivamente por razões de produção: foi, em todo caso, o que aconteceu com o projeto sobre Goldoni. Quanto ao resto, suponho que eu seja plenamente responsável pelo fato de jamais ter passado à realização, apesar dos estímulos de meu amigo Fellini, que sempre me impulsionou a tomar a decisão. Ele zombava de mim quando eu dizia que o cinema depende da escrita e que minha natureza não é a de um escritor, mas a de um contador e intérprete. Ele falava de minha inibição. E é verdade que não lutei para realizar filmes como lutei pelo teatro, para conseguir um espaço maior para o Piccolo e para construir uma Cidade do Teatro em Milão. Um de meus assistentes, Carlo Battistoni, que fez quase todas as captações de meus espetáculos, dizia que eu não fazia cinema porque tinha medo de decepcionar Fellini. A reflexão talvez seja um pouco sincera, mas principalmente acredito que me absorvi totalmente pelo teatro. O cinema influenciou meu estilo de escrita cênica, mas meu lugar de criação foi verdadeiramente o

---

principalmente como romancista: *A Consciência de Zeno* é o relato de uma psicanálise.

20 Escritor milanês nascido em 1930 e falecido em 2013. Publica *Notti e Nebbie* em 1975.

palco. Adorei o cheiro do palco, as tábuas, os projetores. Fui fascinado pela obscuridade da plateia, pelos atores em cena. Amo a poesia e a palavra, e ouvi-las ressoar no teatro foi meu verdadeiro prazer. Amo o teatro porque ele é diretamente humano! Amo o teatro porque fazemos aí o humano a cada noite e, no fundo, jamais me distanciei do teatro.

No entanto, guardo ainda num canto de minha cabeça o desejo de realizar um filme antes do final da vida: somente um e único. Quando Fellini morreu, no ano passado[21], me senti ainda mais sozinho. Ainda que nós não nos víssemos mais tão frequentemente, tínhamos verdadeiras trocas artísticas e fraternas. Em meados dos anos de 1970, ficara muito próximo dele enquanto escrevia um roteiro, *A Viagem de G. Mastorna*, que nunca filmou. Conversávamos por dias e noites inteiras, e eu havia mesmo imaginado que ele pensara em mim para interpretar o papel do protagonista. É isso, eu gostaria de filmar a partir desse roteiro para homenageá-lo.

O senhor escreveu projetos ou adaptações para cinema, mas sonhou em escrever uma peça teatral?
Jamais. Não me considero capaz, provavelmente porque sou muito envolvido com a realidade, eu diria "técnica", do teatro para poder escrever diálogos. Fiz algumas adaptações, entre as quais as *Memórias*, de Goldoni, que lembrei há pouco. Em compensação, pratiquei muito a tradução porque, para mim, o ato de traduzir implica uma pesquisa da música e do ritmo secretos de um texto. Penso ter, se posso dizer, um temperamento mais rítmico do que semântico. Por ser melhor leitor de poemas que de romances, ainda que tenha lido todos os romances necessários para construir uma sólida cultura literária, há

---

21 Fellini faleceu em Roma em 31 de outubro de 1993.

mesmo os que eu amo muito. Mas sou mais atraído pelos versos de Púschkin, de Leopardi ou Montale[22] do que por *Guerra e Paz*, por exemplo, e na minha biblioteca há mais poetas do que romancistas. Escrevo poesia desde sempre, mas até agora nunca mostrei meus textos a ninguém. No passado, escrevi textos de canções musicados por Fiorenzo Carpi e cantados por Ornella Vanoni ou por Enzo Janacci, intérprete também das canções escritas por Dario Fo. Gosto das vozes, dos ritmos e das músicas que contam o que somos ou o que fomos. Uma canção de Piaf ou de Barbara, um solo de Duke Ellington, têm uma capacidade de evocação extraordinária.

O Teatro e a Música

A música no teatro

O senhor disse que a música foi o elemento fundamental de sua vida, e até que ela o levou para o que há de mais profundo e duradouro. Em que a música influencia o seu trabalho de encenador?
Nasci numa família de músicos. Minha mãe, como já disse, era violonista e meu avô materno, trompetista de orquestra antes de dirigir o Teatro Verdi de Trieste. Em minha casa, sempre existiu música e me lembro, quando criança, de adormecer sem medo em meu quarto, pois no cômodo ao lado minha mãe trabalhava sozinha com seu violão ou ensaiava concertos com os amigos músicos. A música é o tecido profundo de minha infância, da minha vida e igualmente de meu amor e conhecimento do teatro. Não por acaso *A Ópera dos Três Vinténs* foi uma etapa tão importante na minha carreira de encenador.

---

22 Poeta e crítico musical italiano (1896-1981). Prêmio Nobel de literatura de 1975.

Considero minha educação musical como a base de meu trabalho teatral. Trabalho com o compositor Fiorenzo Carpi, a quem encomendo a música, não como ilustração, evidentemente, nem como comentário, mas como elemento constitutivo do espetáculo. Digo-lhe sempre que sua música pertence ao texto e toma corpo com ele. Em todo caso, ela é o fio sutil que relaciona toda minha história teatral. Devo dizer que ele me compreende muito bem. Ele entende que eu seja muito econômico na utilização da música e que, para mim, o essencial na música de teatro seja primeiramente sua absoluta necessidade. Às vezes, de todo o material que ele propõe, mantenho apenas uma canção, ou uma dança final, como em *Le baruffe chiozzotte*, com alguns músicos em cena ou, ainda, alguns instrumentos para criar um espaço sonoro. Ou um violão que toca, uma voz longínqua no silêncio, uma sineta etc. Peço-lhe para situar sempre sua música numa relação sensível, mas crítica, face ao texto ao qual ela se refere. Devo dizer que a música de Fiorenzo Carpi, no processo de trabalho, muitas vezes me levou a um esclarecimento interno necessário, e mesmo à percepção de um todo que eu não conseguia apreender.

A música me ajuda também a dar uma dimensão poética aos meus espetáculos e a apagar o realismo, pois não sou um encenador realista no sentido que se atribui geralmente a esse termo.

Tenho consciência também de que o silêncio pode, às vezes, ser um elemento "sonoro" importante. Por exemplo, no *Jardim das Cerejeiras*, no segundo ato, encontramos uma das armadilhas sonoras "mais célebres" da encenação. A didascália diz: "De repente, surge o som longínquo, como que vindo do céu, de um acorde que se rompe antes de morrer tristemente." E Liubov pergunta: "O que é?" Que som é esse, de fato? Talvez o som de uma sociedade que se desfaz, um som de inquietação: esse achado de Tchékhov foi um problema para os encenadores que montaram a obra – alguns encontraram soluções muito belas, outros menos. Fiquei muito insatisfeito com o que tinha imaginado na primeira versão da peça, de 1955, se bem que quando retornei a ela, em 1974, decidi suprimir esse som. Todas as personagens voltavam-se para escutar alguma coisa que o público não ouvia. Não se tratava de uma astúcia de minha parte, mas de uma conquista do silêncio. Tudo isso para dizer que o silêncio é também um elemento musical.

Os atores com os quais eu melhor me entendo são aqueles que conhecem ou sabem ouvir música. Eles não se espantam ao me verem dirigi-los com gestos que se assemelham aos de um maestro para indicar um ritmo, uma forma, um desenvolvimento. Eu gosto de poder ensaiar com música, mesmo se não a mantenho integralmente no desenvolvimento final do espetáculo. Às vezes, nos ensaios, utilizo a música não para criar uma atmosfera, mas como apoio rítmico ou indicação do tempo que acredito ser o de uma cena, livre para ensaiar pouco depois a mesma cena sem música para saber se os atores internalizaram esse tempo. O que não quer dizer que os espetáculos sejam interpretados unicamente como exercícios rítmicos.

Ao criar a iluminação de meus espetáculos, penso na música. Há sempre uma instalação que chamo de "rítmico-harmônica", mas, sobretudo, de "matemática dos projetores". Trato os projetores um pouco como se fossem instrumentos musicais que produzem luz em vez de sons. Geralmente, busco uma dimensão harmônica ao elaborar uma partitura de luz.

Posso acrescentar que, quando não faço teatro, a música é minha companhia preferida. Quando estou em casa, não suporto escutar música fazendo outra coisa. Tenho necessidade de concentração. Gosto, evidentemente, de toda música, mas devo confessar que meu compositor preferido é Mozart. Ele é, com certeza, o músico, o artista, que me é mais próximo em todos os sentidos do termo. Mozart me acompanhou e me acompanha o tempo todo. Ele me ajuda a suportar, compreender, amar a vida, apesar de sua dureza quotidiana. Queria, e Paolo Grassi comigo, que em 14 de maio de 1947, data da fundação oficial do Piccolo, a representação de *Ralé*, de Górki, fosse precedida por um concerto de música de Mozart: os músicos do Scala tocaram *Eine Kleine Nachmusik*, serenata para dois violinos, contralto, violoncelo e contrabaixo em sol maior que Mozart escreveu em 1787. Parecia-me de bom augúrio para o destino de nosso teatro.

Depois vêm – e não por ordem de preferência – Bach, Beethoven, Brahms e ainda Schubert... Gosto também da música contemporânea, Webern, Berg, Schöenberg, Maderna, Nono...

Um teatro na música: encenar a ópera

É graças a essa formação musical que o senhor tem feito tantas encenações de ópera?
Sim, certamente. Diria mesmo que minha cultura musical é mais importante do que minha cultura teatral e que conheço melhor Mozart do que Shakespeare. Comecei a encenar óperas em 1946, quando montei *Joana D'Arc na Fogueira*, de Honegger, no Teatro Lírico, depois *La Traviata*, de Verdi, em 1947, para a reabertura do Scala, reconstruído após os bombardeios: quase não parei até 1986. Devo dizer que, se montei menos óperas do que peças teatrais – dirigi, mesmo assim, umas cinquenta, incluindo as remontagens – meu trabalho nos dois domínios sempre foi complementar. Creio ter imposto ao Scala, de imediato, uma dimensão teatral e um trabalho cênico que não existia em minha época inicial, quando se contentavam com uma encenação rápida.

Mas também alimentei minhas realizações do Piccolo com meu trabalho na ópera.

Sempre pensei que minha verdadeira vocação era ser maestro. Provavelmente, eu me sentiria mais realizado desse modo. Não me via no lugar de um solista que estuda sozinho durante oito ou dez horas diárias, pois tenho necessidade de fazer um trabalho coletivo. Em 1949, o maestro Victor De Sabata, de Trieste como eu, pediu que eu colaborasse na remontagem de uma encenação já existente de *Pelléas et Mélisande*, que ele ia dirigir no Scala. Aceitei fazer um novo espetáculo com o material antigo, pois queria trabalhar ao seu lado; na realidade, ele tinha, além de um conhecimento profundo do teatro musical, uma arte muito particular de dirigir os cantores para conseguir nuances. Durante os ensaios, ele percebeu que minha formação musical era suficientemente importante me permitir analisar uma partitura e ter uma ideia precisa e fundamentada sobre os *tempi*, fundamentais na execução musical e teatral de uma obra lírica. Propôs, então, que eu deixasse o Piccolo para me formar ao seu lado, por três anos, na direção orquestral. A proposta era tentadora. Foi um dos meus desejos secretos, como já disse. Refleti a noite toda. Acho que foi uma das noites mais difíceis de minha vida. De manhã, tomei a decisão de recusar a oferta, pois não podia trair Paolo Grassi, com quem eu estava comprometido na batalha teatral pela criação do Piccolo. Eu sabia que era uma oportunidade perdida para sempre. Contudo, aprendi muito ao lado de Victor De Sabata somente por trabalhar com ele nesse espetáculo.

Creio que sou um dos raros encenadores potencialmente maestro, o que irrita os maestros com quem trabalho, porque intervenho o tempo todo na partitura e chego até a dirigir pelas costas deles. De minha parte, não se trata de uma vontade de tomar o poder, nem dirigir por interposta pessoa como fazia o grande Walter Felsenstein[23], mas de uma maneira de me comunicar e avançar com eles, de refletir com eles e manifestar meu desacordo com certas escolhas, pois busco soluções cênicas na música. Ainda que a ópera seja teatro, está claro que a música é aí o centro e o motor. A dimensão sonora é a base da ação. Mas a interpretação musical de uma obra não é claramente objetiva ou única. As notas, a sintaxe, as tonalidades são as mesmas, mas com os *tempi* entramos no domínio do subjetivo. O maestro deve ter uma visão musical clara da ópera, à qual a visão crítica do texto dramático está estreitamente ligada. Na ópera, é preciso um ponto de vista unitário. Ora, não é sempre esse o caso. Quanto a mim, sempre pensei que idealmente esse ponto de vista unitário passava pelo maestro, mas é ainda preciso que ele tenha um talento dramático. E isso é muito raro. No passado houve dois maestros que corresponderam a essa exigência: Mahler e Toscanini. Basta ouvir uma gravação pirata de alguns instantes de ensaios da *Traviata*, com a orquestra da NBC, sob a direção de Toscanini, para entender o talento dramático necessário à direção de uma ópera. Mahler e Toscanini davam muita atenção à realização cênica, trabalhando nas entradas, nas saídas. Eles desenhavam em cadernos os movimentos como se inventassem, a partir da partitura musical, uma partitura teatral igualmente fundamental para a unidade do espetáculo. Parece que Mahler passava noites criando a iluminação dos espetáculos, supervisionando a construção dos cenários e a elaboração dos figurinos.

Atualmente, os maestros, quase sempre muito ocupados com múltiplas obrigações e inúmeras gravações, não têm

---

23   Encenador de teatro e ópera (1901-1995). Criou a Komische Oper (Ópera Cômica) em Berlim Oriental.

tempo para se dedicar plenamente à preparação de um trabalho cênico. Acho uma pena, pois creio que essa situação torna infinitamente complexo o trabalho de um encenador que não se contenta com uma encenação mais ou menos hábil num cenário onipresente, mas que deseja propor uma leitura dramatúrgica da obra.

Apesar disso, tive oportunidade de conhecer maestros que compartilhavam da minha concepção do trabalho na ópera. Devo dizer que trabalhei particularmente bem com Claudio Abbado e Riccardo Muti, não somente porque fizemos um trabalho de análise das obras em conjunto, mas também porque tivemos uma colaboração quase quotidiana nos ensaios de palco. O que é fundamental, pois quando o maestro dá uma indicação rítmica ao cantor do tipo *piu piano* ou "faça uma pausa mais longa", o encenador pode corrigir um gesto ou encontrar outro aí; ou, às vezes, o maestro, se estiver convencido da justeza de um deslocamento ou de uma ação, poderá corrigir um tempo. Não posso conceber uma encenação operística em que as ações não sejam tributárias dos valores musicais.

Zubin Mehta e eu, em *Fidelio*, de Beethoven, que montamos em 1969, tomamos juntos a decisão de situar a ação na época em que foi escrita a última versão, a saber, por volta de 1814, para destacar a dimensão humana, social e política na base dessa obra. Para nós importava ressaltar que, em *Fidelio,* Beethoven expressou seu próprio drama de se sentir traído pela Revolução Francesa que, mais tarde, com Napoleão, revelou-se a ele como uma opressão falsamente revolucionária. Partindo dessa análise, pude associar, na concepção da montagem, Beethoven a Goya fazendo as gravuras de *Os Desastres da Guerra*[24],

---

24 Série de gravuras de Goya, de 1810 a 1815, sobre o tema da Guerra de Independência espanhola.

o que sublinha a concepção dos cenários e figurinos de Frigerio. Ainda que seus itinerários e temperamentos fossem diferentes, parecia-me que suas tragédias pessoais face ao sentimento de traição se juntavam. Nos casos que acabo de citar, a colaboração entre maestro e encenador só pode ser fecunda.

O senhor teve divergências de pontos de vista com alguns maestros?
Isso aconteceu com Herbert von Karajan, um maestro de grande envergadura. Trabalhamos pela primeira vez em 1966. Depois de ter visto minha encenação de *O Rapto do Serralho,* de Mozart, em Salzburgo no ano anterior, ele me pediu que defendesse a de *Cavalleria Rusticana*, de Mascagni, que ele devia reger no Scala. Devo dizer que sua leitura da partitura, sem modificar o ritmo, nem a estrutura, nem as coloraturas da música, tinha evidenciado correspondências sonoras, contradições internas e uma nova riqueza ao nível da orquestração que me pareciam muito interessantes. Concordamos em tirar o pó do mau gosto dessa obra, tradicionalmente atribuído à representação, e fazer emergir daí o aspecto dramático e às vezes trágico com um resultado, acredito, convincente.

Como havíamos trabalhado em boa harmonia, ele me convidou ao Festival de Salzburgo, do qual era diretor, para encenar a *Flauta Mágica*. Assim, íamos inaugurar juntos todo um ciclo de trabalho com as óperas de Mozart. Porém, nossas divergências sobre a obra foram tão profundas que nossos pontos de vista se tornaram inconciliáveis. Ele não queria sair dos estereótipos nem ultrapassar as "infantilidades sublimes" das interpretações tradicionais: uma concepção clássica e imutável na qual não há mais nada para descobrir. Ainda que eu visse nessa obra uma parábola iniciática, além mesmo da dimensão maçônica que ela contém, não foi por isso que eu quis encenar *A Flauta…*, como se fosse um tratado de filosofia com música.

Estava bem consciente de que essa grande história poética devia ser impregnada de uma magia do teatro à italiana e havia sido concebida para o Teater auf der Wieden, que era o teatro mágico porque possuía um alçapão que possibilitava aparições de debaixo do palco. Ora, tal dimensão está escrita na música ao lado dos sentimentos das personagens. Se me parecia um erro fazer da obra um espetáculo grandioso e tecnicamente impressionante, eu sentia que era preciso recorrer a uma mágica atual, mas também poeticamente atemporal. Em suma, algo antigo e abstrato ao mesmo tempo: utilizar formas antigas para dizer coisas novas, como teria dito Brecht.

Além disso, estava convicto, em desacordo com o maestro, de que Mozart não tinha escrito a música contra o livreto de *A Flauta*..., aberto a todas as inspirações. Seu trabalho de compositor consistira em encontrar um equilíbrio entre as diferentes partes, os diferentes estratos de sentidos e de estilo do libreto, cuja estrutura se organiza em sucessão de imagens e situações inconscientes, sem que nada se perca, com a maior clareza possível. Era igualmente importante desenvolver minha reflexão sobre o *Singspiel*[25], que eu também havia iniciado em *O Rapto do Serralho*. Mas, quando propus rever os diálogos falados para reintroduzi-los, deparei-me com uma recusa categórica. Na realidade, eu percebera, ao consultar os cadernos de direção de diferentes encenações de *A Flauta* em Salzburgo, que restavam apenas algumas frases de ligação entre as árias e os duetos – o que tornava a fábula incompreensível – e alguns *lazzi* calcados na tradição do teatro vienense do final do século XIX. Karajan definia Papageno como um vienense típico que quer ficar tranquilo, comer e beber, só que esse homem-pássaro é uma das criações mais poéticas de Mozart. Aliás, Mozart o faz

---

25 Mistura de formas cantadas com diálogos falados.

cantar com Pamina um dos mais belos duetos de toda a ópera. Parece que, em seu leito de morte, Mozart pediu para ouvir ainda *A Flauta Mágica* e até cantou a famosa área de Papageno "Der Vogelfänger Bin ich ja/Stets lustig, heisa, hopsassa!"

Não quero enumerar todos os nossos pontos de discordância, mas citarei ainda um que me parece fundamental: na *Flauta*, em que música e teatro estão mais estreitamente ligados do que em qualquer outro lugar, uma separação entre o palco e o fosso só pode ser redutora. O problema se coloca com os instrumentos no palco: a flauta e o *glockenspiel*[26]. O cantor-ator que interpretava o papel de Tamino na criação de Viena era também um grande flautista. Ele tocava flauta em cena. Mas já em Praga foi preciso encontrar outra solução, pois o tenor não era mais o mesmo. Havia um músico que tocava nos bastidores enquanto o cantor utilizava um instrumento cênico. Sabe-se também que Schikaneder, que interpretava o papel de Papageno, não sabia tocar o *glockenspiel* e que, durante as representações, era geralmente Mozart quem o tocava nos bastidores. Era uma solução plausível, na medida em que as proporções do palco permitissem uma relativa aproximação entre o cantor e a fonte de emissão sonora. Como é difícil exigir atualmente que os cantores toquem realmente seus instrumentos, Karajan escolheu uma solução de compromisso. Ele permitiu que as partes musicais fossem tocadas pelos músicos da orquestra, mas com a condição de dissimulá-los nos bastidores e amplificar o som dos instrumentos. Eu havia proposto que dois músicos tocassem esses instrumentos da orquestra na perspectiva de um diálogo entre o palco e o poço, com desejo de não esconder a convenção de tal situação e, pelo contrário,

---

26 Carrilhão com teclado que produz uma sonoridade estridente imitando a de uma série de sinos.

colocá-la em evidência para extrair daí um efeito poético. Essa solução implicava iluminar os instrumentistas que tocavam no meio da orquestra silenciosa, enquanto os cantores no palco simulariam tocar com instrumentos ostensivamente teatrais.

Acrescento também que na cena em que Tamino encanta os animais com sua flauta, uma referência evidente ao mito de Orfeu, eu me referi ao conteúdo de seu canto, ou seja, ao fato de o som da flauta conseguir inspirar felicidade aos animais selvagens, para fazer surgir leões dourados de incríveis crinas, prestes a devorá-lo. Depois, ao som da música, eles se abandonavam docemente sobre o palco, rolando como grandes gatos, enquanto uma nuvem de pombos descia das bambulinas para brincar com eles. Acusaram-me de ter privado *A Flauta* de algo necessário e sagrado. Contaram-me até que as crianças sempre aguardavam a cena dos animais, e a ausência da avestruz e do macaco era, pelo menos, uma espécie de traição. Apesar de tudo, ainda considero Karajan um grande músico. O problema entre nós é que nossas divergências de concepção a respeito dessa obra revelavam possivelmente uma discordância mais essencial de nossa visão de mundo e do papel da arte.

Em todo caso, essa foi uma experiência difícil para mim, visto que *A Flauta Mágica* é uma de minhas obras prediletas. Guardei daí um gosto amargo, pois tive a impressão, ainda que o espetáculo fosse apreciado pelo público, de não ter exprimido tudo que queria, quando tinha me preparado por muito tempo, com um longo trabalho de pesquisa. Depois, não tive mais a oportunidade de montar *A Flauta Mágica*. Mas, quem sabe, talvez eu retorne a ela um dia...

O outro exemplo que citarei é o de *As Bodas de Fígaro*, que encenei pela primeira vez em 1974, na Ópera Real de Versalhes. Georg Solti regia. Apesar de muitas tentativas, não consegui entrar em contato com ele nem na preparação, nem nos ensaios. Trabalhei, portanto, sozinho com os cantores e com seu assistente, levando em conta os *tempi* que ele indicara na partitura da orquestra. Fizemos um enorme trabalho cênico com os cantores, todos excelentes e muito disponíveis. Solti chegou numa etapa já tardia dos ensaios, com o espetáculo já construído, e decidiu, por um motivo que me escapa, mudar os *tempi*, acelerando consideravelmente o ritmo, o que arriscava perturbar completamente as relações entre as personagens e desequilibrar a concepção cênica. Os cantores acabaram se rebelando contra ele.

Tal exemplo ilustra um caso de não colaboração entre um encenador e um maestro que, muito graças aos cantores, não descambou num desastre cênico. Contrariamente à *Flauta*, pude retomar *As Bodas*, primeiramente no palácio Garnier, depois no Scala de Milão, sob regência de Muti. Esse espetáculo continua a ser montado sem mim, com cantores que apenas repetem, à risca, os da Ópera de Paris ou o do Scala. Aí eu não tenho controle, são as regras das remontagens de ópera. Mas falo disso porque é um problema com que o encenador se debate diante da instituição lírica. Tenho certeza de que, se eu entrasse na plateia num desses espetáculos, só reconheceria poucas coisas de meu trabalho; também quando encontro, em minhas viagens, cantores que não conheço e me dizem que foram ou serão a Condessa ou o Fígaro de minha encenação das *Bodas*, sinto uma grande confusão.

O senhor disse que Mozart era seu músico predileto, que suas criações no domínio teatral foram essenciais, mas o senhor montou a primeira ópera de Mozart, O Rapto do Serralho, *somente em 1965...*
Mencionaria dois motivos para isso. Basicamente, o primeiro e mais evidente é que o encenador, na ópera, não escolhe. Ele aceita ou não a proposta que lhe vem da direção da instituição ou

do diretor musical. Ora, na Itália, até uma época relativamente recente, se montava poucas óperas de Mozart, provavelmente porque estávamos bloqueados pela imagem da criança prodígio e não tínhamos entendido a excepcional densidade dessa obra aparentemente simples e, sobretudo, extremamente pudica. Sem me gabar, posso dizer que o interesse por Mozart no palco foi reativado na Itália pela remontagem de minha versão do *Rapto do Serralho* no Teatro da Pergola, em Florença, e a seguir no Scala de Milão, alguns anos depois. Destaco que, então, havia retrabalhado a encenação.

Há também outro motivo mais profundo: afora as questões de disponibilidade, creio que as obras de Mozart foram tão importantes para mim que só quis abordá-las quando me sentisse preparado e tivesse boas condições para encená-las. Precisei refletir sobre elas por muito tempo, por muitos anos mesmo, para apreender a transposição cênica da escrita de um compositor na qual tudo está escrito: movimentos, pausas, atitudes exteriores e interiores, cor da situação, viradas dramatúrgicas, atmosferas. Além do mais, há em Mozart um equilíbrio perfeito, pois jamais a música se desenvolve em detrimento da situação dramática; ao contrário, uma reforça a outra num jogo de refrações infinitas. Mozart nunca é "impossível" de encenar. Mesmo o quarto ato de *As Bodas*, aparentemente tão complexo e tecnicamente impossível de realizar, devido ao jogo em torno dos travestimentos, é na realidade simples e claro. Justamente a simplicidade e a clareza me pareciam difíceis de conseguir.

Comecei pelo *Rapto do Serralho*, o primeiro passo de um aprofundamento ainda mais intenso com *As Bodas*, depois *Don Giovanni*.

Devo dizer que tive a oportunidade de conhecer em Salzburgo um maestro (Bernard Conz) e cantores que aceitaram trabalhar teatralmente, como exige esse *Singspiel*, concedendo um espaço não negligenciável aos diálogos falados. Foi, para mim, um momento de alegria inventiva do qual me recordo ainda com emoção e felicidade, alegria que reencontrei na encenação das *Bodas de Fígaro*. Nessas condições, quase cheguei a esquecer as pressões objetivas que o encenador deve considerar na ópera, em primeiro lugar o problema do canto e dos cantores: respiração, posições do corpo, gestual frequentemente enfático, que demandam tempo para corrigir. Refleti bastante na passagem entre as partes faladas e as cantadas, e creio que conseguimos atingir um equilíbrio e uma fluidez não artificiais.

O encenador também é confrontado com um problema difícil de pautar: o do tratamento das árias, sobretudo nas canções de bravura como as que Constância deve cantar e que Mozart escreveu, como ele mesmo disse, para a garganta ágil de Caterina Cavallieri, a criadora do papel. A segunda ária é precedida de um longo prelúdio instrumental, uma verdadeira sinfonia concertante. O que fazer para evitar ilustrar a música com deslocamentos redundantes, visto que naquele momento Constância e o Paxá estão sozinhos em cena? Decidi, e devo dizer que o fiz depois de ter hesitado muito, fechar a cortina no prelúdio instrumental e abrir os painéis alguns compassos antes do início da ária, para fazer a cantora surgir como em um recital com reverência ao final da ária. A seguir, Blonde, a acompanhante de Constância, entrava em cena para abrir a cortina e possibilitar a continuidade da narração. Creio que as soluções cênicas vêm geralmente da evidenciação e não do escamoteamento da convenção e das contradições de um gênero.

O senhor prosseguiu então em seu trabalho de dimensão épica na cena operística?
Sim, certamente, e creio que compreendi algo ao encenar *O Rapto do Serralho*: se Mozart tivesse melhor tratamento cênico

na Alemanha da época de Brecht, teríamos percebido que sua obra é ideológica, universal, revolucionária e, ao mesmo tempo, perfeita do ponto de vista artístico. Brecht falava da *Ópera dos Três Vinténs* como de uma ópera anticulinária, destinada a combater os espetáculos digeríveis. Ele falava de obras, mas também de suas leituras, e visava os Verdi ou os Puccini "básicos" das óperas berlinenses, com cantores morrendo ou se agitando em canastrices. Nós, os encenadores que viemos depois, buscamos o valor dramático, dialético mesmo, de certas obras do bom repertório lírico. Estou convencido de que se Brecht tivesse assistido ao *Don Giovanni* ou *Simão Bocanegra* devidamente representados teria compreendido a que ponto o cantor de ópera realiza suas ambições dramatúrgicas: pois não há nada menos realista, mais épico do que a relação do cantor com a situação. Assistir à morte de Violetta por tuberculose em *A Traviata,* entoando notas magníficas, é o verdadeiro distanciamento. Não se pode atuar de forma realista na ópera. Brecht não está distante: a ópera explica melhor que todos os tratados do mundo a relação do ator com suas personagens. Não se pode cantar *Fígaro* sendo Fígaro, mas se *mostrando* como Fígaro. Digo sempre que, ao aceitar isso, o público é brechtiano sem sabê-lo.

Falando das escolhas de interpretação que se oferecem ao encenador de ópera face às obras do passado, o senhor lembrou-se de quatro. Será que pode relembrá-las e especificar a interpretação que escolheria no seu trabalho, se fosse escolher uma?

Sim, na realidade, quando pensei no papel e no lugar do encenador na ópera, em meados dos anos de 1960, cheguei a me colocar a questão dessas escolhas possíveis ao nível da interpretação. Havia destacado, em primeiro lugar, a interpretação paratradicional, ou seja, quase tradicional e histórica, na base do que foi idealmente a primeira representação da obra em sua época, apenas adaptada ao gosto do público atual; depois a interpretação historicista: reconstrução aproximada da primeira instalação cênica da obra, uma retomada histórica fatalmente inventada de uma representação antiga; a terceira possibilidade era uma interpretação do espírito do qual nasceu certo fato artístico, revisto, revisitado, amado e criticado por um espírito contemporâneo. Não se trata de semitradição ou reconstituição, mas de uma nova proposição da obra, para um público atual, com valores atuais, levando em conta a realidade de valores e significações de ontem. Certamente há uma quarta via, que se pode definir como modernista, ou seja, uma aplicação de módulos estéticos modernos a uma obra do passado.

Para meu próprio trabalho de encenador, escolhi a terceira via que, apesar das dificuldades que levanta, supõe uma *démarche* dialética entre a tradição na qual se inscreve uma obra e a possibilidade de ela se tornar contemporânea, não somente por suas características musicais e emotivas, puramente exteriores, mas também por sua dimensão poética profunda. Isso se aplica inclusive ao meu trabalho no teatro.

A propósito de sua encenação de La Traviata, *de Verdi, em 1947, o senhor disse: "Através do Strehler animado pelo entusiasmo e pela inconsciência da juventude, o encenador de ópera lírica fez sua aparição." O que significa que esse trabalho, que marcou uma etapa importante para as futuras abordagens da ópera italiana do século XIX, foi importante para o senhor. Por que o senhor só retornou a Verdi em 1971, com* Simão Bocanegra*?*

Na realidade, creio que meu trabalho em *La Traviata* foi uma etapa não desprezível para a consideração e o desenvolvimento do trabalho cênico no palco do Scala. Mas pude fazê-lo porque os cantores não estavam, então, submetidos aos ritmos desenfreados que as gravações ou os deslocamentos pelos palcos internacionais lhes impõem atualmente. Eles tinham o tempo, a disponibilidade e a vontade de romper com os estereótipos. Eles aceitavam fazer um trabalho de interpretação teatral. Havíamos conseguido com Gianni Ratto, o cenógrafo com quem trabalhei à época, a construção de uma grande escadaria ao fundo do palco, possibilitando a dinâmica dos deslocamentos do coro. Já era uma invenção audaciosa naquele tempo. Mas eu queria evidenciar a dimensão social da ópera, a crítica a certa burguesia que, pela primeira vez em Verdi, é representada sem os travestimentos históricos habituais. Desenvolvi de modo insatisfatório a ideia, provavelmente porque ainda não estava suficientemente seguro para enfrentar o tradicionalismo do público do Scala, que se fazia notar, sobretudo, a propósito da ópera italiana do século XIX. Até Visconti, que montou sete anos mais tarde, com Maria Callas, uma *Traviata* admirável, mítica, provocou escândalo com suas opções de encenação. Eu não queria essa forma de confronto, que me parecia exigir um empenho ao qual não estava disposto, até Claudio Abbado, com quem eu compartilhava dos mesmos valores artísticos e ideológicos, me propor *Simão Bocanegra*, que ele imaginara abordar ao assistir a uma representação ruim no Metropolitan Opera de Nova York. É verdade que essa ópera, rarissimamente representada na época, adquirira a reputação de não encenável. Na leitura da partitura, percebi primeiramente a beleza e o refinamento da escrita musical, rica em temas de uma complexidade insólita com pontas de impressionismo que anunciam Debussy. Mas entendi principalmente que *Simão Bocanegra* é o drama político mais complexo de Verdi. Na base dessa ópera, há efetivamente uma situação política e toda a sua dialética tal como a vemos na realidade de todos os tempos. Além do mais, há em *Simão Bocanegra* uma superposição da história individual das personagens e dados políticos. Ainda que a articulação entre o humano e a política nem sempre se realize como desejaríamos atualmente pela escritura do libreto, ela acontece plenamente na escritura musical de Verdi. O que me levou a constatar que, mais do que uma música destinada a descrever uma situação, Verdi escreveu uma música destinada à "palavra-diálogo" da personagem: por isso ele, que é aparentemente claro e fácil de cantar, é na realidade difícil de encenar.

Depois de *Simão Bocanegra*, decidimos, com Claudio Abbado, prosseguir num trabalho comum sobre Verdi. Manifestei o desejo de que fosse *Macbeth*, pois me parecia interessante trabalhar com uma adaptação de Shakespeare, visto que eu acabava de encenar no Piccolo o *Rei Lear*. Nessa ocasião, eu havia me debruçado no projeto tanto quanto Verdi ao escrever uma ópera a partir de *Lear*, que ele nunca realizou por motivos complexos, mas eu pudera perceber então o profundo conhecimento do compositor sobre a dramaturgia shakespeariana. Parecia-me que a montagem de *Macbeth* – confirmando essa constatação – era uma maneira de criar uma continuidade entre meu trabalho de encenador no teatro e na ópera.

Concebi um projeto de montagem baseado no depoimento do próprio Verdi, em uma carta a seu editor parisiense, qual seja, de que as personagens da ópera eram três: Macbeth, Lady Macbeth e as feiticeiras. Indicação que me sugeriu o tratamento das feiticeiras como um grupo compacto e, sobretudo, a centralização da problemática na relação entre Lady Macbeth e Macbeth, que imaginei desde a preparação como dois répteis, um fascinado pelo outro. Para traduzir cenicamente essa ideia, pedi a Luciano Damiani que concebesse grandes capas com cauda, idênticas para ambos, que tivessem uma função importante nos deslocamentos. Os intérpretes, Shirley Verret e Piero Cappucilli, dispuseram-se pacientemente a um trabalho minucioso de deslocamentos que eu queria tão precisos quanto o espaço constituído de painéis de couro, que dava a ilusão de um espaço fechado, vazio e sem referências temporais. Nessa perspectiva, eu dirigi os cantores para que expressassem a interiorização de sua loucura em uma mobilidade-imobilidade habitada. O trabalho da concepção do espaço iniciado em *Simão Bocanegra* era levado ao extremo e transgredia radicalmente as opções faraônicas e faustosas das tradicionais montagens operísticas de Verdi e do melodrama italiano em geral. Foi preciso quase 25 anos de prática para a determinação de criá-la naquela estrutura.

Essa leitura rigorosa e crítica de *Macbeth* implicava uma escolha no nível da partitura: a de sacrificar o balé que Verdi escrevera para a versão parisiense de sua obra a fim de corresponder aos imperativos impostos pela Ópera de Paris. Pois, numa concepção organizada em torno do nó essencial da obra, o balé, que implica uma coreografia, introduz uma dimensão heterogênea ao projeto de encenação. Se falo de sacrifício é porque esse trecho, uma prova da maestria de Verdi na orquestração, era para Abbado uma das passagens musicalmente mais interessantes de toda a ópera. O fato de ter aceitado minha proposta, não de imediato, mas depois de reflexão e discussão, prova a importância que ele dava à coerência do conjunto, mas principalmente sua atenção para com a leitura do encenador, como provou ainda quando trabalhamos juntos em *Lohengrin*, de Wagner.

Alguns anos depois, abordei outra ópera de Verdi, *Falstaff*, dirigida por Lorin Maazel, ainda no Scala. Foi um encontro inesperado com a última obra de Verdi que não pertencia à minha bagagem cultural. Só comecei a me interessar por essa ópera quando a direção do Scala me propôs montá-la. Abri a partitura e sentei-me ao piano para estudá-la. Depois, ouvi as versões discográficas mais importantes e li os escritos mais significativos sobre a obra. Percebi que *Falstaff* é um desses eventos transparentes e, ao mesmo tempo, complexos que a arte nos deixa de herança e uma das grandes obras-primas da aventura poética e musical da humanidade. Além do mais, *Falstaff* é uma dessas obras nas quais uma geração se interroga sobre seus sonhos e suas decepções, sobre os erros consumados, sobre o que ela poderia ser e não foi. Uma reflexão sobre a vida, em suma. Tal descoberta me estimulou muito no trabalho de encenação, visto ser inegável que essa obra testamental é atravessada pela estrutura das óperas de Mozart. Trata-se, para Verdi, não de um retorno ao passado, mas de uma meditação sobre uma obra do passado para forjar uma escrita nova que deixa um vasto espaço à dimensão teatral. Eu não resisti, pois, à minha vontade de tratar o final de *Falstaff* fazendo com que os cantores avançassem ao proscênio e iluminando a plateia enquanto eles cantavam a extraordinária fuga que fecha a ópera – como fizera no final de *As Bodas*.

O senhor fala com paixão de seu trabalho na ópera e, no entanto, depois de Don Giovanni, *disse que não queria mais fazer montagens líricas. Isso é realmente definitivo?*
Esperei muito tempo para montar *Don Giovanni*. Também refleti aí por anos. E, contudo, não consegui chegar ao termo do meu projeto de encenação como teria desejado. Sei que sou, com raras exceções, dilacerado pela insatisfação, às vezes até quando não há razões objetivas para isso, e se o *Don Giovanni* sombrio que apresentei foi, em geral, bem acolhido, estou consciente de não ter atingido o resultado ideal que havia imaginado. Provavelmente sou responsável, em parte, por isso, mas não sou o único. Creio que as pressões impostas pelas grandes instituições de ópera tornam difícil o trabalho do encenador. Os grandes teatros líricos exigem "grandes cantores" conhecidos internacionalmente, porém o recurso aos cantores-atores é, para eles, um problema secundário. Ora, os "grandes cantores" não

estão muito disponíveis para ensaiar e, principalmente, nem sempre correspondem aos papéis.

Eu quis um *Don Giovanni* noturno à luz de velas, como desejava Mozart, que situou a ação quase sempre à noite, com violências, assassinatos, cemitérios, chuva e vento, como se no fundo de si mesmo rugisse uma força obscura que pudesse subverter tudo. Jamais a ambivalência de Mozart foi expressa como nessa ópera e, não por acaso, Goethe, escutando *Don Giovanni* em Weimar, imaginara sua música como a música de *Fausto*. Contudo, as características musicais estão voltadas para um teatro na música. Eu desejaria que se fizesse uma escalação diferente das que se faz habitualmente, com excelentes cantores, bons, até mesmo notáveis, maestros e às vezes bons encenadores. Eu desejaria que se trabalhasse da perspectiva do teatro na música, ou seja, com cantores-atores e, sobretudo, que se respeitasse o equilíbrio de vozes. Os erros fundamentais que se comete com *Don Giovanni* são concernentes aos papéis e aos cantores. Acho uma pena atribuir o papel de Don Giovanni a uma voz de baixo, como é geralmente o caso, pois uma voz de baixo não pode ter a agilidade inerente ao papel, nem o brilho necessário para interpretar a ária "Fin ch'han dal vino". Para mim, Don Giovanni é um barítono, a rigor um baixo-barítono. A voz de Leporello deve ser de uma coloratura aproximada e, ao mesmo tempo, ligeiramente diferente da de Don Giovanni. É preciso que as duas personagens sejam intercambiáveis, já que a partitura lhes atribui tessituras muito próximas. Pensei até que seria interessante a possibilidade de alternar os papéis dos intérpretes de um espetáculo para outro. É preciso, ao menos na minha concepção, que haja uma semelhança entre os dois intérpretes. Não chego a imaginar um Don Giovanni grande, belo e jovem e um Leporello pequeno e gordo, do tipo Sancho Pança, pois a relação entre os dois é de uma ordem completamente diferente.

Estou convencido de que é prejudicial a desvalorização da personagem de Don Ottavio, atribuindo o papel a um tenor ligeiro a pretexto de ele ser a encarnação do amor fiel. Sempre considerei que, para o equilíbrio da distribuição, é preciso atribuir o papel a uma personalidade vocal forte; apesar de certos floreios, não há necessidade de interpretação afetada. O papel de Masetto deve ser também atribuído com cuidado. Trata-se de uma personagem capital, clarividente, que tende a se transformar num pobre coitado. Ele é o único, na realidade, que ousa se opor intensamente a Don Giovanni.

Creio que os erros de distribuição mais gritantes referem-se aos papéis femininos. Dona Anna é uma personagem interessante por sua indecisão, seu desvario, sua complexidade. É uma personagem repleta de sombras, luzes, de ternura, de langor e de cólera, que nunca está em paz. O papel deve ser atribuído a uma soprano lírica. Dona Elvira, ao contrário, é uma personagem ardente de amor, mas que consegue se controlar: daí sua primeira ária tão magnificamente rígida ao entrar em cena. É uma personagem quase impossível de encenar, pelo menos em boa parte do primeiro ato. Depois, a partir da cena da janela, tudo se torna bem mais fácil. Elvira se libera, cede à paixão, se perde. É ela a personagem dramática, trágica, violenta. E não Dona Anna. As duas vozes deveriam ser assim: uma, a de Dona Anna, terna, dolorosa que se eleva com doçura e pena; a outra, quase seca aparentemente, violenta, cheia de fogo, com algo de místico e obsessivo, de expressão intensa e nítida. Quanto a Zerlina, penso que é preciso confiar o papel a uma voz de mezzo-soprano, para traduzir todas as nuances da sensualidade doce e calorosa da personagem.

É verdade que depois de *Don Giovanni* eu disse que não queria mais encenar óperas. Mas foi principalmente uma recusa às condições de trabalho. Pois não consigo renunciar à música.

O que desejaria era trabalhar com jovens cantores, jovens maestros disponíveis para montar espetáculos musicais no recinto de um teatro. Penso nisso há muito tempo, mas nunca tive o espaço necessário para fazê-lo. Se um dia a nova sala do Piccolo for inaugurada, e espero que não seja daqui a muito tempo, vou querer alternar os espetáculos teatrais com os espetáculos líricos. Ainda tenho coisas para dizer sobre *Don Giovanni,* cujo papel principal foi criado, lembro, para um jovem cantor de 21 anos, e *Così fan tutte*, que nunca abordei. Na minha idade e no meu percurso de encenador, o que conta para mim não é montar mais um espetáculo, certamente bem feito, certamente um belo espetáculo em condições insatisfatórias, mas é obedecer à minha exigência interior de explorar novos caminhos.

Quando nos debruçamos sobre seu itinerário teatral e lírico, percebemos que o senhor trabalhou na Itália, na Alemanha e na França. Falo de criações e não de viagens. Sei que o senhor teve propostas de teatros ingleses e de instituições líricas como o Convent Garde, de Londres, ou o Metropolitan de Nova York, às quais o senhor não deu seguimento...
Não dei seguimento a essas propostas porque, embora leia em inglês, eu não falo bem o idioma e não posso dirigir ou trabalhar numa língua que não domino. Não imagino nem mesmo ter de recorrer a um intérprete, pois tenho necessidade de um contato direto com os atores, cantores e técnicos.

Mas não é apenas o problema da língua. É verdade que eu realizei, no Sacala de Milão, a maioria de minhas criações no domínio do lírico pelo bom motivo de trabalhar simultaneamente no Piccolo a maior parte do tempo. Além do mais, eu conhecia bem os técnicos, fossem os maquinistas ou os eletricistas, e eles próprios estavam habituados com meu modo de trabalhar. Em função dos imperativos da criação lírica e do número relativamente pequeno de trabalhos de iluminação ou outros, me é mais fácil criar uma montagem com pessoas que conheço. Um dos méritos que se manteve de minha encenação de *Don Giovanni* foi o de iluminação. Nunca poderia fazê-lo em outro lugar, não por razões de competência, mas porque os eletricistas do Scala sabiam antecipadamente que tipos de projetores eu ia utilizar e como desejava colocá-los, o que me permitia ganhar tempo.

Em Paris, trabalhei bem com os técnicos do Teatro do Odéon porque os conhecera das inúmeras turnês do Piccolo e não tive mal-entendidos com eles na *Trilogia da Vilegiatura* ou na *Ilusão*.

A cumplicidade com uma equipe é essencial para mim. Acho que é por motivo similar que Fellini sempre se recusou a sair de seu estúdio da Cinecittà para filmar em outro lugar, apesar das propostas dos produtores americanos.

Os "Pavorosos Vazios" do Repertório

Que obras, líricas ou teatrais, o senhor se arrepende de não ter montado e quais são as que o senhor desejaria encenar atualmente?
Quando me debruço sobre a lista de óperas ou de textos que montei no Scala ou no Piccolo ou em outro lugar, vejo aí pavorosos vazios. Sei muito bem que não se pode montar tudo, mas isso não impede a tentação. Então, eu diria que há vazios que espero preencher e os que não preencherei jamais. Os últimos me obcecam como carências que não consigo explicar, nem justificar.

No que concerne à ópera, tenho menos angústia do que diante do teatro, pois tenho consciência de não ser totalmente responsável: enfim, espero, como lhe disse, encenar *Così fan tutte* de Mozart, num futuro próximo. Mas *O Cavaleiro da Rosa*, a ópera de Strauss com que sonho há muito tempo, desde a época em que trabalhei com *Ariadne em Naxos*, será que eu teria tempo ou a possibilidade de montá-la? E *Tristão*, de Wagner, que muitas vezes deixei de realizar com Abbado, pois, sempre por causa da escalação de elenco, acabamos deixando de lado? Poderia citar muitas outras, mas me deterei no projeto de encenação da *Aída*, de Verdi, com Riccardo Muti, que me possibilitou a descoberta dessa vastíssima obra teatral e musical pela qual me apaixonei. Mas será que conseguiremos encontrar os intérpretes plausíveis de traduzir esse drama atual, um drama em torno de uma discriminação racial mais evidente do que em *Otelo*? Imagino uma *Aída* no deserto, numa extensão de areia infinita com duas pirâmides abstratas. Um enorme sol e uma enorme lua. É tudo. Pois a atmosfera exótica já está na música. Imagino essa ópera como uma fábula eterna, verdadeira e abstrata, política e humana, num Egito inventado pela música, símbolo do amor possível entre todos os "diferentes do mundo". Eis uma *Aída* sem cavalos, sem excessos, e a própria cena do triunfo como sombras douradas no deserto. Mas receio que não possa mais gerar essas sombras num palco. E isso me desola[27].

Desconsola-me ainda mais, quando penso nos textos que jamais encenei no teatro. Nunca me aproximei de Racine, ainda que *Berenice* seja um dos textos que mais me emociona: será por medo de não conseguir traduzir a música do alexandrino em italiano? Tão pouco montei peças de dois autores que me interessam, Kleist e Schiller. Tomemos Molière: montei apenas *O Misantropo* e, no início de minha carreira, *Le Médecin volant* (O Médico Itinerante). Contudo, Molière é, como Shakespeare, o autor teatral de que mais gosto. Eu já disse, trabalhei muito com Shakespeare, mas há muitas peças dele que não abordei. No início de minha carreira, planejava trabalhar com *Medida por Medida*.

---

27   Strehler nunca realizou as obras aqui evocadas.

Ao ler o texto com os atores, percebi que era quase impossível nos confrontarmos com essa peça sombria, essa grande parábola do mal e da corrupção, com o tempo de ensaios e os meios que dispúnhamos na época. Prometi a mim mesmo retomá-la, mas não tive oportunidade e não terei mais, como não teria nunca a possibilidade de encenar *Hamlet*. Preparei-me muitas vezes para um encontro com essa peça, que rejeitei a cada vez, por motivos complexos. Agora, devo me resignar com relação a *Hamlet*.

E seu projeto a partir dos textos de Maiakóvski?
Não sei se poderei realizá-lo. Imaginei contar a história da revolução maiakovskiana antes e depois da Revolução de Outubro. Queria partir do nascimento do futurismo e de seu confronto violento com a literatura burguesa do início do século, para passar pelo impulso criativo que acompanhou a Revolução de Outubro, com os versos dedicados a Lênin, com fragmentos do *Mistério-Bufo*. Enfim, em uma terceira parte desejaria abordar a luta do poeta para não se curvar à burocracia que esmagou as iniciativas verdadeiramente revolucionárias em nome de programas políticos esquemáticos. Nessa parte, desejaria integrar extratos de *O Percevejo* e de *Os Banhos*. O espetáculo ia terminar com um tiro de revólver, não como um signo de derrota, mas como um signo último e desesperado da intolerância face à vulgaridade cultural e à regressão política.

A Transmissão

Como o senhor reage quando dizem que é um grande encenador sem discípulos?
Isso me aflige, pois, durante todos os meus anos de prática, muitos jovens, italianos, mas também alemães, franceses, espanhóis e até americanos, que se tornaram depois encenadores,

passaram pelo Piccolo. Alguns começaram como assistentes, outros como observadores, mas todos me disseram ter extraído algum ensinamento dessa passagem. Se desejo legar algo aos outros, é principalmente um modo artesanal, ao mesmo tempo artístico e engajado, de fazer teatro. Mas o que é um discípulo? É aquele que reproduz o que faço? Nesse caso, seja o que imaginaram a esse respeito, não tenho discípulos, pois sempre estimulei as pessoas de talento a serem elas mesmas. Aqueles que eu considero discípulos são os que, a partir do que observaram ou aprenderam comigo, forjaram sua própria escrita e originalidade. Alguns encenadores me disseram que quiseram fazer teatro ao assistir a um ou a outro espetáculo meu. Por exemplo, Bob Wilson me disse que decidiu se tornar encenador ao assistir *As Bodas de Fígaro* em Versailles, tendo gostado particularmente da iluminação. Por isso ele copia meu trabalho? Não. Ele tem seu próprio universo. Considero-me feliz ao saber que desencadeei uma vocação.

O senhor fundou uma Escola de Teatro Europeia na qual pensou por muito tempo: para o senhor, essa é uma passagem obrigatória da formação teatral e da aquisição do ofício de encenador?
Faço parte daqueles que pensam que uma escola de teatro é útil, pois atualmente se tornou difícil aprender no local de trabalho, como foi o caso em outra época, e, por consequência, uma formação de base é necessária. Por isso não há disciplina reservada à direção em minha escola, simplesmente porque eu penso que aquele que se destina à encenação deve dominar a fundo todas as disciplinas que constituem a profissão: a interpretação, a cenografia, a técnica, a iluminação, os figurinos, a música. Do contrário, não se pode possuir a arte da composição do conjunto que caracteriza toda boa encenação. É por isso que todas essas disciplinas são ensinadas na escola

junto à arte do ator e à história do teatro. É por isso também que penso que uma boa escola de teatro não deveria nunca estar separada de um teatro. Creio que uma escola, para ser eficaz, deve colocar imediatamente o aluno, tão logo esteja em condição de se movimentar e falar, em contato com a realidade do teatro. Consequentemente, quis criar uma escola que fosse uma companhia teatral em devir e instaurar aí a disciplina do teatro e não a da escola. Desejei colocar os alunos em contato com o espetáculo vivo, todas as noites. Todos os alunos são, na realidade, membros de um coletivo ligado ao palco, atuando, provavelmente, apenas com uma fala ou auxiliando uma atriz a decorar seu papel. Portanto, estão sempre em contato com o teatro vivo e naturalmente recebem pequenos papéis, às vezes até papéis importantes bem rapidamente. Todos eles são trabalhadores e trabalhadoras regulares; um trabalho muito humilde que, no entanto, possibilita aos jovens uma relação direta com o público. Por turnos individuais, eles ajudam os maquinistas ou os eletricistas, e isto também lhes é útil: aprender a bater com um martelo nos dedos ao pregar pregos, o que nunca farão na vida depois de se tornarem atores, mas saberão o que significa montar um cenário. Naturalmente, assistem aos ensaios dos espetáculos: aos meus e aos dos encenadores convidados do Piccolo, quando isso é possível. Sempre pensei e proclamei que o espaço do ensaio é o melhor espaço de transmissão.

Minha escola privilegia a arte do ator, porque a verdadeira força criativa no teatro é a dos atores. Como os maestros que, nas escolas de música, são obrigados a aprender a tocar um instrumento, parece-me que um diretor deve aprender o "instrumento" principal de sua "orquestra": ele deve aprender a atuar. Depois disso, pode ser que alguém demonstre talento de comunicação, ou tenha uma cultura ou um temperamento que o torna apto a ajudar os que atuam, porém ele só pode ajudá-los compreendendo-os. Tornar-se um bom ator ao final de três anos de aprendizagem, se há talento, significa, no fundo, que se pode começar a se tornar diretor. Os alunos de minha escola aprendem rapidamente a se dirigir uns aos outros, porque eu os conduzo à observação ao mesmo tempo objetiva e sensível do outro. Parece-me que, numa escola de teatro, é preciso ensinar a importância de se fazer parte de uma comunidade em que cada um tem seu próprio papel e sua própria função, em que as exigências de uns entram continuamente em contato com as exigências de outros e são aí modificadas ou conotadas. É preciso ensinar também que o ofício de ator e encenador implica uma pesquisa permanente e que é preciso se colocar em situação de sempre querer aprender, experimentar, buscar: até o fim.

Eu gostaria também de instruir o ator e, portanto, o futuro encenador a não renunciar a nada do que deve ou quer saber sobre o mundo ao seu redor, nem renunciar, pelo teatro, à vontade de transformar o mundo, atuando aí em seu papel, qualquer que seja sua importância.

DUAS CARTAS

[*A Louis Jouvet*[1]*:*]

Caro Mestre,

Escrevo-lhe uma carta após um ensaio em que eu disse algumas palavras suas. Eu as disse para mim mesmo, eu as disse a Giulia, que encarnava Claudia, eu as disse aos jovens atores, eu as disse a um público imaginário.

Amanhã não haverá mais. Haverá o "público", o verdadeiro, o único, o eterno, o público de sempre. O seu, o meu e o público daqueles que virão depois de mim, como foi o público daqueles que nos precederam.

Nós nos alimentamos de seus pensamentos com uma grande emoção, com um imenso reconhecimento, e eu, nessa noite, sou incapaz de lhe dizer muitas coisas.

---

1 Carta imaginária escrita por Strehler durante os ensaios de *Elvira ou A Paixão Teatral*, com Giulia Lazzarini, no Piccolo Teatro de Milão, em junho de 1986. Publicada no programa do espetáculo.

Como sempre, os pensamentos e as palavras são confusos, mas as sensações, nítidas e claras. Foi você que me ensinou a não procurar compreender "demais" no teatro. Foi você que disse: "A inteligência, para o ator, é permanecer num nível elevado." E você também me disse: "A árvore que avança não pensa em avançar, ela avança, é isso."

E contudo, eu também, como você, preciso compreender, refletir sobre o teatro, sobre a nossa profissão. "Como se pode fazer teatro sem refletir sobre o teatro?", você dizia. Quanto a mim, tenho vontade de escrever: como se faz para resistir durante tantos anos, nessa profissão que ainda tem em si mesmo algo de ilusório e inútil?

Você, você resistiu até o fim: quanto a mim, eu mesma estou pronto para resistir.

Somente hoje acabei compreendendo, enfim, o que você pensou quando me disse uma noite, depois de um ensaio de *Don Juan*, numa mesa de café anônimo, mas inesquecível para mim: "Os atores não têm vocação: a vocação é o resultado. Ela chega ao final." Tais foram exatamente suas palavras.

Em minha juventude entusiasmada, eu lhe escutava, compreendia algumas coisas. Mas aquilo eu não conseguia compreender. Naquela época, eu me sentia "absolutamente apegado" ao teatro. Estava loucamente repleto de vocação teatral, de estupor e amor teatral, de paixão teatral.

Por que, por que deveria eu aguardar pelo "final"?

Passaram-se anos e anos de prática e de ofício. Longuíssimos e rapidíssimos, um espetáculo depois do outro, um texto depois do outro, uma sucessão de rostos, vozes, sons, uma sucessão de luzes, e cheguei agora a esse triste "pós-ensaio" sozinho, na penumbra do meu quarto, diante de minha velha máquina de escrever que engole os caracteres muito gastos. Falo ainda de teatro comigo mesmo e ao mundo, que não ouve absolutamente nada. Ainda estou no teatro, posso dizer sem piedade, sem reservas, desesperadamente "comovido" pelo teatro como o crente fica comovido pela graça.

E eu escrevo para lhe comunicar que, de certo modo, agora, somente agora, entendi. Que somente agora, na angústia extrema, na fadiga extrema, na náusea extrema, na recusa extrema do teatro que, apesar disso, não consigo recusar porque ele é mais forte do que tudo, agora sei o que é não a "paixão teatral" (tão fácil, tão calorosa, tão indiferente, tão feliz!), mas a "vocação teatral", que é pedra e sangue. Justamente agora, que é tarde, sei que essa vocação me possui inteiramente, quando até agora ela só me colocou à prova. Provavelmente essa é ainda uma prova. Talvez essa seja ainda uma prova, ela é extrema. É a última.

Mestre, estou prestes a viver, ao seu lado, a última prova de amor que o teatro me pede. Agora, só posso lhe dar mais tempo. Não me resta mais nada. Estou, enfim, totalmente despojado de mim mesmo. Resta somente ele, esse fogo que arde com uma intensidade insuportável, sem chamas nem cinzas. Como um astro que espalha seus átomos no universo.

Para mim também são três horas da madrugada. Uma noite de junho de 1986.

Giorgio Strehler

[*A Giovanni Soresi:*[2]]

Carta a G

Meu trabalho acabou…
Agora, é sua vez.

Sem ruído, sem mundanidades, simplesmente com uma extraordinária concentração, começamos os ensaios de *Così fan tutte*, de W.A. Mozart. O teatro ressoa em toda parte com a música e com o espírito daquele que estamos tentando interpretar. Peças vazias, espaços frios e inacabados, corredores onde quase ninguém passa são percorridos agora por sons maravilhosos de instrumentos e de vozes de seres humanos e têm finalmente uma existência.

Esses espaços descobrem, ainda que inacabados, uma razão moral de existir. Estamos – como dizer? – embarricados nos passadiços desse navio mais caloroso e passamos aí nossas horas de trabalho com um entusiasmo, um amor renovado. Os que interpretam essa obra-prima do espírito humano são todos jovens: jovens cantores, jovens músicos, jovens colaboradores musicais, jovem maestro. E nós, os antigos do Piccolo, continuamos nossa missão no coração de um novo projeto único nesse mundo do espetáculo que indica aumento de audiência, mas não garante a qualidade, nem os projetos ambiciosos, nem a pesquisa, nem as ideias.

---

2   Giovanni Soresi, diretor de comunicação do Piccolo Teatro. Trata-se da última carta de Strehler por ocasião dos ensaios de *Così fan tutte,* em dezembro de 1997. A carta está publicada no programa do espetáculo.

Há dois anos nos debatemos por uma mudança de mentalidade, apresentando propostas para uma nova maneira de apreender o teatro público, uma relação diferente com a coletividade, por um verdadeiro teatro artístico: *Così fan tutte*, de Mozart inaugurará um novo Piccolo Teatro, que se inscreve no rastro do antigo.

Um corredor já religa dois teatros próximos espacial e espiritualmente[3]. Em um, o evento teatral está destinado ao maior número de pessoas e tenta ser esteticamente mais acabado; no outro, se formam os futuros atores, e oferecemos um lugar, um espaço às pessoas de teatro cujo trabalho requer diferentes percursos.

Mozart nasce no meio de jovens e a atmosfera em torno desse trabalho não é midiatizada, mas discreta.

Na França, falam que sou o mais jovem dos patriarcas. Falo ao final de uma longa experiência, mas não encontro exemplo no passado comparável ao que acontece hoje. Estou vivendo, estamos vivendo uma experiência muito afetuosa, ainda que plena de rigor conceitual e de responsabilidade.

É a alegria, na realidade, que invade nosso trabalho como nunca. Alegria da convivência, alegria de unir frescor ao conhecimento, teatro à música, seguindo o que Mozart nos deu. Creio que certos gênios universais deixam em suas obras uma carga enorme de energia, bondade, felicidade e mesmo de dor, que se transmite a seus intérpretes. É assim que essa obra em música, mais do que uma simples obra em música, nasce em meio a uma "felicidade espiritual" quase incrível. [...]

---

3   Strehler refere-se nesta carta ao novo teatro que ia inaugurar em 1998 e ainda não estava inteiramente pronto quando ensaiava *Così...*,. e ao Teatro Studio, concebido para ser um espaço de experimentação ligado à Escola Europeia de Teatro.

Estamos serenamente felizes, certos de que ofereceremos algo novo, belo e bom aos nossos futuros espectadores.

Eis um sentido de um novo teatro de arte: a felicidade de se sentir humano. A arte contra o desumano, o mal contra toda baixeza que nos cerca a cada instante.

G.S.
4 de dezembro de 1997.

CRONOLOGIA

1921 Nasce em Barcola (Trieste). Sua mãe, Alberta Lovrich, de origem eslava e francesa, é uma violonista reconhecida. Seu pai, Bruno Strehler, de origem austríaca, é ao mesmo tempo industrial e administrador do popular Cinema-Teatro Fenice.
1924 Morte de seu pai.
1928 Depois da morte de seu avô, diretor do Teatro Verdi, de Trieste, Strehler e sua mãe instalam-se em Milão.
1938 Inscreve-se na Accademia dei Filodrammatici, de Milão.
1940 Começa a trabalhar como ator em várias companhias itinerantes.
1941 Participa, em Milão, do grupo vanguardista Palcoscenico, dirigido por Paolo Grassi.
1942 Publica artigos sobre teatro na revista *Posizione*: "Condizioni di una Polemica" (Condições de uma Polêmica), "Responsabilità della regia" (Responsabilidade da Encenação).
1943 Assina, em Novara, suas primeiras encenações, sem renunciar ao seu trabalho de ator. Condenado à morte devido à Resistência, refugia-se na Suíça, no campo de refugiados de Mürren.
1944-1945 Transferido para Genebra, frequenta a faculdade de Direito e os cursos de Jean Bart, antigo aluno de Georges Pitoëff. Funda a Companhia de Máscaras sob o pseudônimo de Georges Firmy (encenação de *Morte na Catedral*). Em julho, retorna à Itália.
1946 Funda, com Grassi, "Diógenes", círculo de cultura teatral. Encena *Calígula*, de Albert Camus, e *Os Pequenos Burgueses*, de Máksim

Górki, com Renzo Ricci e a companhia do Teatro Excelsior, dirigida por Grassi. Monta sua primeira ópera, *Jeanne d'Arc au bûcher* (Joana D'Arc na Fogueira), de Arthur Honegger.

1947 No Scala de Milão: *La Traviata*, de Giuseppe Verdi, e *O Amor das Três Laranjas*, de Sergei Prokofiev. Em 14 de maio, inaugura com Grassi o Piccolo Teatro: *Ralé*, de Górki; *As Noites da Cólera*, de Salacrou; *O Mágico Prodigioso*, de Calderón de la Barca; *O Servidor de Dois Amos*, de Carlo Goldoni.

1948-1949 Encena *O Corvo*, de Carlo Gozzi; *Ricardo II**[1] e *A Tempestade**, de William Shakespeare; *A Gaivota**, de Anton Tchékhov; *A Família Antropus**, de Thorton Wilder; e *Os Gigantes da Montanha**, de Luigi Pirandello. *Esta Noite se Improvisa*, de Pirandello, é apresentada em Paris no Théâtre des Champs-Elysées. Conhece Louis Jouvet. Monta *O Pequeno Eyolf**, de Henrik Ibsen. No Scala de Milão: *O Matrimônio Secreto*, de Domenico Cimarosa. No Teatro Fenice de Veneza: *Lulu*, ópera de Alban Berg.

1950-1952 Encena *A Parisiense**, de Henry Becque; *Ricardo III**, de Shakespeare; *O Misantropo**, de Molière; *A Morte de Danton**, de Georg Büchner; *La putta onorata* (A Moça Honesta), de Goldoni; *Casa de Boneca**; de Ibsen; *Electra**, de Sófocles; *Macbeth**, de Shakespeare; e *Elisabeth, Rainha da Inglaterra**, de Bruckner. No Scala: *Don Pasquale*, de Gaetano Donizetti; *Ariadne em Naxos*, de Richard Strauss; *Werther*, de Massenet; *O Elixir do Amor*, de Donizetti. Funda a Escola de Arte Dramática do Piccolo Teatro. Em Roma: *Arlequim, Servidor de Dois Amos* (segunda versão).

1953-1955 Primeira versão do *Jardim das Cerejeiras**, de Tchékhov e *El nost Milan**, de Carlo Bertolazzi; *La trilogia della villeggiatura* (A Trilogia da Vilegiatura)*, de Goldoni. Em Veneza: *O Anjo de Fogo*, de Prokofiev.

1956-1958 Estreia de *A Ópera dos Três Vinténs** e de *A Alma Boa de Se-Tsuan**, de Bertolt Brecht. No Scala: *Louise*, de Gustave Charpentier e *A História do Soldado*, de Ígor Stravínski. Em Edimburgo: *Arlequim* (terceira versão).

1959-1961 Monta *Platonov**, de Tchékhov; *A Visita da Velha Senhora**, de Friedrich Durrematt; *O Egoísta* *, de Bertolazzi e *Schweyk*

---

[1] O * indica as encenações realizadas no Piccolo Teatro.

na Segunda Guerra Mundial*, de Brecht. No Scala: *O Chapéu de Palha de Florença*, de Nino Rota.

1962-1964 Prêmio de melhor montagem para *El nost Milan* em Paris (Théâtre des Nations). Monta *A Vida de Galileu**, de Brecht; *Le baruffe chiozzotte** (Confusão em Chioggia), de Goldoni. No Scala: *Mahagonny*, de Brecht e Kurt Weil. Em Villa Litta, Milão: *Arlequim* (quarta versão).

1965-1967 Cria *O Jogo dos Poderosos**, adaptação de *Henrique VI*, de Shakespeare. Em Salzburgo: *O Rapto do Serralho*, de Wolfgang Amadeus Mozart. Retoma *Os Gigantes da Montanha**, de Pirandello. No Scala: *Cavalleria rusticana*, de Pietro Mascagni. Encena e atua no recital *Eu, Bertolt Brecht**.

1968-1971 Deixa o Piccolo Teatro de Milão e funda em Roma o grupo Teatro e Ação. Monta *A Balada do Fantoche Lusitano*, de Peter Weiss; *Santa Joana dos Matadouros*, de Brecht; e *Ralé*, de Górki. Em Florença: *Fidélio*, de Ludwig van Beethoven. No Scala: *Simão Bocanegra*, de Verdi.

1972-1975 Retorna ao Piccolo Teatro como diretor único. Encena *O Rei Lear* de Shakespeare e a *Ópera dos Três Vinténs* (segunda versão). E Salzburgo: *O Jogo dos Poderosos*, em alemão. Publica na Itália *Per un teatro humano: Pensieri scritti, parlati e attuati* (organizado por Sinah Kessler, Milano: Feltrinelli, 1974). Encena *O Jardim das Cerejeiras**, de Tchékhov. Em Viena: *A Trilogia da Vilegiatura*, em alemão. Em Salzburgo: *A Flauta Mágica*, de Mozart. Na Ópera de Versailles: *As Bodas de Fígaro*, de Mozart. Monta *Il campiello* (O Campinho)*, de Goldoni. No Scala: *Macbeth*, de Verdi e *O Amor das Três Laranjas* (segunda versão). Em Villa Comunale, Milão: *Arlequim* (quinta versão).

1976-1979 Encena *O Balcão**, de Jean Genet; *A História de uma Boneca Abandonada**, a partir de Brecht e Alfonso Sastre. Em Hamburgo: *A Alma Boa de Se-Tsuan* (segunda versão). Monta *A Tempestade**. No Odéon, Paris: *A Trilogia da Vilegiatura*, com os atores da Comédie-Française e *Arlequim* (sexta versão).

1980-1984 Monta *A Tormenta** (Orage), de August Strindberg. No Scala: *Falstaff*, de Verdi e *Lohengrin*, de Richard Wagner. Eleito deputado para o Parlamento Europeu. Encena *Dias Felizes**, de Beckett. Nomeado diretor do Teatro da Europa que ele inaugura com *A Tempestade* (segunda versão). *Minna von Barnhelm**, de

Gotthold Ephraim Lessing. No Teatro da Europa: *A Ilusão*, de Pierre Corneille.

1985-1987 Monta *A Grande Magia**, de Eduardo De Filippo. Inaugura o Teatro Studio com *Elvira ou A Paixão Teatral*, a partir dos ensinamentos de Jouvet. Monta, no Teatro da Europa, *A Ópera dos Três Vinténs* (terceira versão). No Scala: *Don Giovanni*, de Mozart. Cria a Escola Europeia de Teatro em Milão. Recebe, em Paris, o prêmio internacional da crítica teatral. *Arlequim** (sétima versão).

1988-1990 Eleito senador, apresenta na Itália um projeto de lei sobre o teatro. Encena *Como Me Quiseres**, de Pirandello. Monta *Fausto, Fragmentos I**. É nomeado presidente da União dos Teatros Europeus. Recebe os prêmios Goethe e Europa de teatro. *Arlequim* (oitava versão).

1991-1994 Monta com os alunos da Escola Europeia de Teatro uma nova versão de *Arlequim*. Encena *Fausto, Fragmentos II**, a partir de Goethe. Recebe o prêmio Molière por sua carreira. *Le baruffe chiozzotte ** e *Il campiello** (segunda versão). *A Ilha dos Escravos**, de Pierre Carlet de Marivaux, e *Os Gigantes da Montanha** (terceira versão). *Arlequim* (nona versão).

1995-1997 Demite-se do cargo de único diretor do Piccolo Teatro. Encena *A Exceção e A Regra**, de Brecht. *Arlequim* (décima versão). Inicia os ensaios de *Così fan tutte,* de Mozart, que deve encenar para inauguração da nova sala do Piccolo. Morre na noite de 24 para 25 de dezembro de 1997. Recebe postumamente o título de doutor *honoris causa* da Universidade Paris III – Nova Sorbonne.

BIBLIOGRAFIA SELECIONADA

STREHLER, Giorgio. *Un Théâtre pour la vie: Réflexions, entretiens, notes de travail*. Trad. Emmanuelle Genevois. Paris: Fayard, 1980.

Sobre Giorgio Strehler

ASLAN, Odette (dir.). *Strehler*. Paris: CNRS Editions, 1989. (Col. Les Voies de la création théâtrale, XVI)
BANU, Georges (dir.). *Les Cités du théâtre d'art: De Stanislavski à Strehler*. Paris: Editions Théâtrales, 2000.
____. Strehler et l'antépurgatoire tchékhovien. *Travail théâtral*, Paris/Lausanne, n. 24, janvier-mars 1977.
____. L'étranger et les neiges vénitiennes. *Travail théâtral*, Paris/Lausanne, n. 22, janvier-mars 1976.
BENTOGLIO, Alberto; MAZZOCHI, Federica (dir.). *Giorgio Strehler e il suo teatro*. Roma: Bulzoni, c. 1997-1998. (Quaderni di Gargnano, 6)
BOSISIO, Paolo. Le Réalisme poétique de Giorgio Strehler dans "Barouf à Chioggia". *Théâtre/Public*, Paris, n. 112-113, juillet-octobre 1993. (Théâtre de Gennevilliers)
DORT, Bernard. Saint Strehler. *L'Art du théâtre*, Arles, n. 6, printemps 1987.
____. Un Maître douteur. In: LÉONARDINI, Jean Pierre (dir). *Festival d'automne à Paris*. Paris: Temps Actuels, 1982.

TANANT, Myriam. La Prova infinita. In: BANU, Georges (dir.). *Les Répétitions, de Stanislavski à aujourd'hui*. Arles: Actes Sud, 2005.

____. Verdi en scène: L'Approche de Visconti et de Strehler. *Chroniques italiennes*, Paris, n. 73-74, février-mars 2004. (Va pensiero: Mélanges offerts à Gilles de Van)

____. Giorgio Strehler: Entre mémoire et illusion. In: BANU, Georges (dir.). *Opéra, théâtre: Une Mémoire imaginaire*. Paris: L'Herne, 1990.

Revistas e Números Temáticos

CAHIERS théâtre Louvain. Bruxelles, n. 40, 1979. (La Trilogie de la villégiature 1978-1979; dir. Odette Aslan)

CAHIERS théâtre Louvain. Bruxelles, n. 12-13, s. d. (Bertolt Brecht, Giorgio Strehler, le Piccolo Teatro)

COLEÇÃO ELOS
(Últimos Lançamentos)

50. *O Homem no Universo*, Frithjof Schuon.
51. *Quatro Leituras Talmúdicas*, Emmanuel Levinas.
52. *Yossel Rakover Dirige-se a Deus*, Zvi Kolitz.
53. *Sobre a Construção do Sentido*, Ricardo Timm de Souza.
54. *Circularidade da Ilusão*, Affonso Ávila.
55. *A Paz Perpétua*, J. Guinsburg (org).
56. *A "Batedora" de Lacan*, Maria Pierrakos.
57. *Quem Foi Janusz Korczak?*, Joseph Arnon.
58. *O Segredo Guardado: Maimônides – Averróis*, Ili Gorlizki.
59. *Vincent Van Gogh*, Jorge Coli.
60. *Brasileza*, Patrick Corneau.
61. *Nefelomancias: Ensaios sobre as Artes dos Romantismos*, Ricardo Marques de Azevedo.
62. *Os Nomes do Ódio*, Roberto Romano.
63. *Kafka: A Justiça, o Veredicto e a Colônia Penal*, Ricardo Timm de Souza.
64. *O Culto Moderno dos Monumentos*, Alois Riegl.
65. *Giorgio Strehler: A Cena Viva*, Myriam Tanant

Este livro foi impresso na cidade de São Paulo,
nas oficinas da MarkPress, em fevereiro de 2015,
para a Editora Perspectiva.